A Library of Academics by PHD Supervisors

博士生导师学术文库

解开共享经济的密码
产消合一逻辑

沈 蕾 著

中国书籍出版社
China Book Press

图书在版编目（CIP）数据

解开共享经济的密码：产消合一逻辑/沈蕾著.—北京：中国书籍出版社，2019.1

ISBN 978-7-5068-7145-7

Ⅰ.①解… Ⅱ.①沈… Ⅲ.①品牌—企业管理—研究—中国 Ⅳ.①F273.2

中国版本图书馆 CIP 数据核字（2018）第 277771 号

解开共享经济的密码：产消合一逻辑

沈 蕾 著

责任编辑	毕 磊
责任印制	孙马飞 马 芝
封面设计	中联华文
出版发行	中国书籍出版社
地 址	北京市丰台区三路居路97号（邮编：100073）
电 话	（010）52257143（总编室） （010）52257140（发行部）
电子邮箱	eo@chinabp.com.cn
经 销	全国新华书店
印 刷	三河市华东印刷有限公司
开 本	710毫米×1000毫米 1/16
字 数	214千字
印 张	15
版 次	2019年1月第1版 2019年1月第1次印刷
书 号	ISBN 978-7-5068-7145-7
定 价	78.00元

版权所有 翻印必究

摘　要

目前有关共享经济的研究多侧重内涵、动机、竞争、可持续性、社会福祉和监管的讨论。然而从实践来看，共享经济模式的核心价值在于利用互联网信息技术提高资源利用和配置效率，其以用户为中心的特征为消费者迭代为产消者提供了契机。因此，本专著从产消视角出发，对共享经济下平台品牌价值共创机制进行深入探讨，不仅具有重要的理论创新，同时也具有重要的实践意义。

本著作主要基于产消和服务主导逻辑理论整合视角，将用户产消特征、用户内容生成特征以及品牌价值共创主体行为识别为共享经济环境下平台品牌价值共创的首尾环节，从产消基础理论研究入手，深入分析产消及其价值形成机理，并结合 Web2.0 环境下共享经济平台特征，就产消视角下的品牌价值共创机制进行理论探讨和实证研究。在研究过程中，采用扎根理论、案例研究、访谈分析以及实验分析等多种方法相结合方式，将理论框架构建与实证检验同步推进，并体现本土管理实践与国际标准理论相融合的研究特色。最后，在案例分析中，其相关结论不仅为产消及其价值共创理论的深化提供理论支撑，而且还为中国互联网企业服务创新能力培养和国际化创业提供实践指导。

作者自序

本专著是作者及其研究团队跟踪互联网消费行为及其商业模式创新10余年的研究心得和研究成果的总结提炼。作者是国内第一个系统翻译和实证研究"产消"的学者，也是第一个从市场活动主体（消费者）行为变迁的视角发现共享经济这一全新的经济活动和价值创造模式颠覆式创新的学者。这本专著系统解读了作者及其团队对这一新兴现象的研究过程和研究成果。

全书内容分为四个篇章，第一篇，从"消费者"到"产消者"：产消基础理论的构建。在这里，作者从揭示互联网时代消费行为特征入手，层层展开数字时代消费行为类型和内涵的演进过程，在Web2.0情境条件下，从产消动机、过程和结果的整体性视角分析其在不同阶段产生的价值，并从过程价值及结果价值两个维度对产消价值进行归类，探索产消放大网络效应影响力的关键因素，从而形成了较为系统性的理论整合。本部分的研究成员主要是博士生郑智颖等。第二篇，从"价值创造"到"价值共创"：平台品牌价值共创机制探索。作者发现，当前学术界对平台的研究成果主要集中于四类：平台数字技术的赋能研究，平台系统架构的研究，平台运营的治理研究，平台商业模式的研究。平台价值共创正逐渐成为平台生态圈研究的重要领域。尽管也有学者对平台价值共创有所涉猎，但还停留在概念模型阶段，平台价值共创的实证研究几乎是空白的，且对平台中多主体价值共创的关系也尚未梳理清楚。所以，在这里，作者系统探讨了平台生态圈中多主体与价值共创的关系，并重构平台品牌价值的维度，最后基于产消视角对平台品牌价值共创展开实证研究。本部分的研究成员主要是博士生田佳勉、陈叶、罗楚，硕士生韦骁勇、何佳婧、杨睿、高唯唯。第三篇，从"传统经济"到"共享经济"，作者聚焦共享经济的新特征，系统比对产消行为及其产消价值的特征，解释了产消逻辑与共享经济的关系，及其对共享经济环境下平台企业价值共创的影响路径。本部分的研究成员主要是博士生张悦、刘峥等。第四篇，通过本土化的案例研究，将理论和实证研究的价值体现在具体管理实践中，为平台企业更好地理解产消者和产消活动提供理论指导，为管理平台运营和打造平台品牌价值提供实践指南。本部分的研究成员主要有硕士生高唯唯、鲁锶涵。

　　本研究不可避免地存在许多不足。一直以来都觉得拿不出手，但是，今年我有一股一定要把这些研究成果写出来的冲动。一方面，自己觉得研究的内容直击数字时代企业管理创新前沿，我跟踪互联网研究多年，但是长期以来一直认为自己的研究落后于企业的创新步伐，唯独在我发现了online consumer的一些本质特征时，而且这些本质可以有效解释互联网商业模式颠覆式创新背后的逻辑，在关注国内外同行的研究成果时，在多次国内外MBA课堂内或国际会议上传播我的产消逻辑学说时，每每引起强烈反响，深感自己的研究值得分享。另一方面，我特别感谢跟随我做研究的博士生和硕士生们，在商业繁荣的上海，他们守在校园，随我一起探索这多变有趣的数字世界的种种不确定性，这个研究一做就是十年，从我的开门博士生弟子李义敏2007年虚拟社区的用户行为研究开始提出生产与消费相融合的复合型消费行为概念开始，到今天的产消逻辑的提出，届届相传，终成正果，虽然不足之处和未尽研究依然太多，但应该不影响此书的质量，感谢学生们对我坚定不移的信任和追随！

　　做教授如我，福也！

沈蕾

2018年盛夏于上海

目 录
CONTENTS

第一篇 从"消费者"到"产消者":产消基础理论的构建 ………… 1

第1章 互联网时代消费行为特征及类型 4
 1.1 Web2.0互联网时代 4
 1.2 Web2.0时代的消费行为 6
 1.3 Web2.0时代消费行为的逻辑内涵 7

第2章 产消行为的概念界定 12
 2.1 产消研究 12
 2.2 研究方法与数据收集 14
  2.2.1 研究方法 14
  2.2.2 样本选择与数据采集 15
 2.3 产消行为内涵的发掘过程 16
  2.3.1 开放编码 16
  2.3.2 主轴编码 18
  2.3.3 选择性编码 20

第3章 产消价值的形成机理 23
 3.1 产消价值研究 23
 3.2 产消价值形成机理的发掘过程 25

3.2.1　产消价值维度建构　25
　　3.2.2　理论饱和度检验　27
　3.3　产消行为及产消价值的实证分析　27
本篇小结　30

第二篇　从"价值创造"到"价值共创"：平台价值共创机制探索 ……………………………………………………………… 33

第4章　关于价值共创的理论回顾　35
　4.1　价值、共创与价值共创　35
　　4.1.1　价值（Value）　35
　　4.1.2　共创（Co-creation）　37
　　4.1.3　价值共创（Value co-creation）　37
　4.2　价值共创理论及演变路径　38
　　4.2.1　早期的价值共创思想　38
　　4.2.2　基于顾客体验的价值共创　39
　　4.2.3　基于服务主导逻辑的价值共创　39
　　4.2.4　基于顾客主导逻辑的价值共创　40
　　4.2.5　服务主导逻辑的拓展–基于服务生态系统的价值共创　41

第5章　平台品牌价值共创的概念模型的提出　43
　5.1　平台相关研究　43
　　5.1.1　平台的发展演进及内涵　43
　　5.1.2　平台的类型及特征　46
　5.2　Web2.0下的平台品牌价值　49
　5.3　平台品牌价值共创理论基础　50
　　5.3.1　基于消费者体验视角的平台品牌价值共创理论　50
　　5.3.2　基于服务主导逻辑的平台品牌价值共创理论　51
　　5.3.3　基于品牌生态圈的平台品牌价值共创理论　52

5.4 平台品牌价值共创的影响因素　53
　5.4.1 社会支持　53
　5.4.2 顾客互动　53
　5.4.3 平台任务-技术匹配性　55
　5.4.4 多边市场主体协作　55
5.5 平台品牌价值共创的概念演变　56

第6章 产消合一视角下平台品牌价值重构研究　61
6.1 基于产合一消逻辑的品牌价值提出与界定　61
6.2 研究设计　62
　6.2.1 研究方法　62
　6.2.2 数据收集与理论抽样　63
6.3 平台品牌价值构念的质性研究　65
6.4 产消合一逻辑与商品主导逻辑下的品牌价值理论对比　66
　6.4.1 产消合一逻辑与商品主导逻辑下的品牌价值结构模型对比　67
　6.4.2 产消合一逻辑与商品主导逻辑下的品牌价值维度路径对比　78
6.5 平台品牌价值发展趋势　80
　6.5.1 平台品牌价值网络　80
　6.5.2 利益相关者的价值共创分析　82

第7章 平台品牌价值形成路径探索性研究　85
7.1 产消合一视角下的平台品牌价值维度再构的实证探索　86
7.2 产消视角下平台品牌价值形成微观路径探索　90
7.3 产消者与品牌价值共创　93
　7.3.1 研究假设　94
　7.3.2 样本选取及变量设计　97
　7.3.3 实证结果分析　98
7.4 管理启发　105
　7.4.1 产消者如何创造品牌价值？　105

7.4.2　互联网产消者模式如何盈利？　106

本篇小结　108

第三篇　从"传统经济"到"共享经济" …………… 111

第8章　共享经济的特征解析　113

8.1　技术驱动　115

8.2　以用户为中心　116

8.3　弱产权化　117

8.4　商业模式变革　117

8.5　社会关系重构　119

第9章　"共享经济"与产消合一逻辑　120

9.1　产消活动基于互联网技术发展，共享经济以技术驱动为基本特征　121

9.2　产消活动放大用户中心的平台效应，共享经济同样以用户为中心　122

9.3　产消活动强化使用关系，共享经济以突破所有权限制为本质特征　124

9.4　产消活动颠覆企业价值创造方式，共享经济则以创新的商业模式为生存法则　125

9.5　产消活动模糊传统边界催生新关系，共享经济重构社会关系　126

本篇小结　129

第四篇　共享经济下平台品牌价值共创案例分析：产消合一视角 ……………………………………………… 131

第10章　大众产消者为主导的知识性平台（豆瓣、知乎）　133

10.1　豆瓣案例　133

10.1.1　用户分析　133

10.1.2　产品分析　134

　　10.1.3　平台分析　135

　　10.1.4　豆瓣的平台价值共创模式分析　135

　　10.1.5　品牌契合平台　141

10.2　知乎案例　142

　　10.2.1　知乎简介　143

　　10.2.2　用户分析　144

　　10.2.3　功能结构　144

　　10.2.4　内容分析　146

　　10.2.5　平台分析　146

　　10.2.6　知乎的平台价值共创模式分析　146

　　10.2.7　品牌契合平台　150

10.3　研究结论　153

第11章　意见领袖型产消者为主导的知识性平台（小红书、微博）　154

11.1　小红书案例　154

　　11.1.1　小红书简介　155

　　11.1.2　用户分析　156

　　11.1.3　内容分析　156

　　11.1.4　产品分析　157

　　11.1.5　小红书的平台价值共创模式分析　158

　　11.1.6　品牌契合平台　163

11.2　微博案例　166

　　11.2.1　微博简介　167

　　11.2.2　用户分析　168

　　11.2.3　内容分析　168

　　11.2.4　产品分析　169

　　11.2.5　微博的平台价值共创模式分析　170

11.2.6　品牌契合平台　174
11.3　研究结论　177

第12章　混合型参与产消者的知识性平台（微信）　179
12.1　微信简介　179
12.1.1　用户分析　180
12.1.2　内容分析　181
12.1.3　产品分析　181
12.1.4　微信的平台价值共创模式分析　182
12.2　微信和微博两个平台的比较　187
12.3　微信和微博合作完成平台品牌价值共创——基于微商角度　190
12.3.1　微商的定义　190
12.3.2　微商的现状　190
12.3.3　微商未来发展方向　191

本篇小结　196

主要参考文献 ……………………………………………… 200

第一篇 01
从"消费者"到"产消者"：产消基础理论的构建

在web2.0时代下，网络的技术开放性和交互性的新型特征极大地刺激了以用户生成内容为主导的社交媒体平台的发展，从而引发了"产消"现象的爆炸式增长。例如，视频网站YouTube每天产生数以万计的原创或共享视频，Wikipedia（维基百科）的网站内容更是完全由用户来努力书写。对于上述共享经济网络平台而言，用户信息的生产与消费已经能够在非常低的成本水平上得以完成，新兴品牌能够凭借这些信息/内容/知识的集体共创、共享以高效率流量转化方式完成价值迭代增长。对此，共享经济网络平台必须同时促进内容生成吸引用户参与和变现用户流量吸引利益相关者，通过实现"用户、内容、合作品牌"三边的价值闭环模式维持整个平台生态圈的发展。

再如，以网文为主题的起点中文网构造了涵盖网络作家、阅读用户的平台生态圈，从供应链的视角分析，网络作家看似是"上游供应商"，起点中文网看似是"出版商"，阅读用户看似是"下游顾客"，但现实情况是，"出版商"并非直接从"上下游交易差价"获得直接的经济收益，而是构建机制促使双边市场相互吸引，共同创造网文"IP"品牌价值；在此过程中，起点中文网平台的规模与价值依赖相关"IP"热度得到提升。由此可见，共享经济网络平台还可通过掌控双边市场的互动，在提升双边价值过程中提升自身价值。供应链直线式思维分析新型共享经济网络平台显然是行不通的，因为与传统经济模式生产者与消费者的双边关系不同，共享经济的核心本质在于产消合一。

"产消"这一概念由美国未来学家 Toffler 于 1980 年在其著作《第三次浪潮》中提出，并主要由社会学家 Ritzer 进行理论体系完善。无论在小农经济男耕女织、自产自消（消费）的机制中，抑或市场经济连锁快餐的自助服务模式下，个体均需通过一定的生产而实现消费，或通过一定的消费来完成生产，纯粹生产行为的产消（prosumption as production，PAP）和纯粹消费行为的产消（prosumption as consumption，PAC）为产消行为的两个极端，尤其在 Web2.0 时代，生产性消费行为表现出了前所未有的生产主动性，颠覆了价值创造方式由企业单向提供向顾客参与的方式转变，同时引发一代交易型平台商业模式的持续突破式创新，二代交易型平台即社会化电商平台（Social Commerce Platform）一跃成为互联网经济的"新宠"。例如，小红书作为二代交易型平台每天有无数的平台需求方（产消者）在平台上产生数以万计的原创内容（经验贴、评论、点赞），同时，平台根据所收集到的后台数据提供用户所需的合作品牌商品。因此，从 Web2.0 时代价值创造的本质来看，互动商业情境下的消费者已产生了质的飞跃，生产和消费二元结构已逐渐了失去以往的解释效力，而产消合一这一理论观念则更加符合实践发展趋势。"共享经济""平台经济"等新经济模式均围绕产消合一这一微观基础而运作。二代交易型平台自身不提供产品，仅仅为产消者提供必要的资源对接，而产消者需主动生成或共享平台内容以满足自己或他人的信息需求，同时维系平台的运转及生成平台的价值。在这一经济模式下，分享行为发生在广大陌生人之间，模糊了社会边界，产生并再生了社会关系。由此可见，以产消活动为主导的共享经济给传统行业带来颠覆式的变革，深刻改变了社会经济运行模式和人们生活行为习惯，吸引了来自社会学、经济学、和管理学等多学科专家的特别关注。在以往的市场营销领域中，无论是互联网消费、信息消费，抑或是共同生产及服务主导逻辑的价值共创，消费者的价值生产角色均有被提及，学界关于价值共创的概念内涵梳理以及理论脉络演进已经取得了一定的研究成果，然而共享经济的核心基础"产消"概念却一直在国内未引起充分重视。因此，从产消视角来澄清顾客用户、合作品牌、共享平台三者在价值共创中的关系，并探索共享经济环境下平台品牌价值共创的发生动因、路径与机制，具有重要的理论意义和极强的实践参考价值。

第1章　互联网时代消费行为特征及类型

1.1　Web2.0互联网时代

2004年在由O'Reilly Media和Media Live在美国举办的一场头脑风暴会议中，Web2.0这个词语被首次提及，之后的Web2.0时代席卷而来。在Web2.0问世至今已有13个年头，学术界关于其概念的阐述还没有得到一个统一的结论。其中，首个定义Web2.0，同时也被世界认为是Web2.0的代表人物的Tim O'Reilly分别从"Web2.0是一个平台""利用集体智慧"两个角度阐述了什么是Web2.0。他认为Web2.0应用程序能够最大限度利用网络平台的固有优势：将软件视为可持续更新的服务，以此使越来越多的用户通过使用这类软件，进行消费和混合来自包括个体用户的众多信息源提供的信息，同时用户也会自由提供自己的数据与其他用户进行信息分享互动。用户与用户之间通过这种"参与架构"创造网络效应，已经远远超越Web1.0时期网络公司通过浏览器提供信息来吸引用户，因为Web2.0更注重于为用户提供丰富用户体验，为用户提供可以自由分享的平台。而站在另一个角度，Web2.0并不是在于平台本身的内在好处，开放共享和协作精神才是这个时代至关重要的。用户在网络平台中对信息的使用、分享和交换互动越多，那么这个网络平台就会随之变得越来越开放和富有创意，进而对用户而言就越有使用价值，相对于只是将Web2.0视为一个互联网平台，这一定义更能反映出用户体验与平台发展之间的相辅相成关系。相对于以技术创新为主导模式，主要通过用户海量的点击流量为盈利的Web1.0，Web2.0互联网更具有开放性与发散性。Web2.0更注重用户的交互作用，用户既是网站中信息的"消费者"，同时又担任着海量信息的"生产者"，与世界各地的网民共同分享自己的观点与想法。了解Web2.0互联网的特征，可以帮助我们更好地理解产消现象。不少学者在梳理国内外相关研究的基础上，总结了Web2.0的特征。例如国内学者王伟军等人从"参与性""松散耦合性""协同性""集成性""整合性""平台独立性""网络外部性""轻量型应用"和"持续更新性"角度概括了Web2.0的特征，并肯定了Web2.0对当前服务理念与模式的深入影响；美国 *Amazon.com Mashups* 一书中同样对Web2.0特征进行了总结，Francis shanahan认为Web2.0具备以下九个特征：用户为中心性（User Centered），Web2.0时代的网络平台主要是以用户为中心，海量的内容由用户进行分享，除了用户与平台之间的互动，更为强调的是用户与用户之间的自由信息互动；网络软件服务（Software as a Service），Web2.0是以网络为平台的软件服务；数据为王（Data Is King）；内容的开放性（Convergence），Web2.0网站强调用户参与，并慷慨于用户对网站数据的使用；渐进式的开发（Iterative Development），Web2.0的发展在不断更新与迭代；丰富的浏览器体验（Rich Browser Experienc），页面是可以与用户互动的，比如用户可以关闭或移动某些栏目等等；多样化的使用渠道（Multiple Delivery Channels），强调注重提供多种浏览方式；社会化网络（Social Networking），Web2.0网站则加入了社交元素，让用户之间能够建立联系，充分满足用户的个性化需求；突出个体开发者的兴起（The Rise of the Individual Developer）。

事实上，Web2.0是一个难以定义的术语，即使对于网络专家来说也是如此。但无可厚非的是，伴随着近十几年的发展，目前互联网已进入了全面的Web2.0时代，Web2.0的问世无论是对当代人们的生活方式还是各行业，尤其是传统的互联网行业的服务观念与模式的转变与创新都产生了深远的影响。

1.2　Web2.0时代的消费行为

互联网作为重要的媒体和渠道工具，是近年来影响经济发展的核心科技要素之一，它不但改变了当今的市场格局，也影响了传统的经济活动方式（亦即，价值的创造、转化和实现）。最典型的商品市场通常围绕标的物的所有权转移、使用权出让或劳务的转让而运行。Web1.0时代，互联网最初作为一种虚拟的新型渠道形式，基于其进行的经济活动方式同传统市场的差异有限，仍然是买卖双方围绕商品进行的货币交易。然而，随着互联网技术的不断创新，个体经济交往方式发生了极大的变化，以往商品主导逻辑下所主张的企业价值创造逐渐转化为服务主导逻辑下的价值共创，甚至衍生为消费者主导逻辑下的顾客价值独创。虽然目前围绕经济活动方式的各类逻辑思想及学说仍然值得推敲，但推动其演变的直接原因是互联网技术的发展，其本质则为经济活动参与个体的行为变迁。

Web1.0时代信息以单向传播为主，卖方依托充当渠道职能的电子商务网站来上传商品相关信息，而买方则从电子商务网站获得商品信息进而开展商品消费活动。抑或，信息内容提供方依托充当媒体职能类型的网站（如，门户网站、官方网站等）发布信息，而信息接收方则通过这些网站被动接收信息。个体网络用户（包括作为买方的消费者或信息的接收方）之间互动有限。

互联网互动技术的发展给予了用户内容生成（User Generated Content，UGC）的权限，这一模式区别于传统由网站雇员主导内容生成的模式而被定义为Web2.0。这一互联网时代的到来促成了互联网市场和媒体分工的融合。

如，电子商务网站评价/口碑系统的搭载、社交工具零售功能的搭载以及社会化电商平台的出现等等。消费者、内容提供者、内容接收者等用户个体角色的界限渐渐融合、消失。价值生成的方式不仅限于买卖关系，UGC 的交互亦可产生价值（如，流量和传播价值）。商品相关的 UGC 之于商品信息扩充的形式亦从购后口碑评价扩充发展到购前及购后的全过程信息互动（如，在社会化电商或社交媒体平台上，即使不购买商品，也可以为其点赞或点评），而用户的信息转发权限则使得互联网商业信息的传播方式进一步丰富、传播效率进一步提高。事实上，这一切的用户活动都是创造价值的——无论是商品买卖抑或是信息使用或传播所转化而来的经济价值。

综上，互联网消费行为已不单纯是传统意义上的消费行为。在 Web2.0 时代，消费者（用户）参与价值创造或消费者（用户）主导价值创造成为了互联网经济的新标签。其基础支柱是数亿活跃于互联网的用户，而这些用户的行为正是探索价值运行方式的微观起点。

1.3 Web2.0 时代消费行为的逻辑内涵

Web2.0 时代，传统的生产、消费二元逻辑正在逐渐被产消合一逻辑取代。在 Web2.0 时代的典型产物——社会化电商情境下，产生经济价值或潜在经济价值的消费行为主要包括信息的互动与传播行为和商品消费行为两类。互联网消费行为的内涵不仅仅包含传统意义上以商品购买为表征的商品消费决策，还包括以信息互动与传播为表征的信息消费和生产决策。

通过对被访者基于社会化电商平台活动的初步分解，本研究发现 Web2.0 时代的消费者在社会化商业环境下进行消费决策的内容和特质较以往电子商务为主的单纯性情境更为丰富。从行为特质来判断，消费过程除了体现为信息获取这类传统的媒体使用特征和商品购买这类传统的市场消费特征外，还体现为交易价值和传播价值更高的兼具信息生产、传播和商品购买

解开共享经济的密码：产消合一逻辑　>>>

的生产型消费行为，即后现代社会学所谓的"产消合一"行为。图1.1用参与度和贡献度两个维度标识了不同行为特质的差异。这些发现亦进一步佐证了本研究团队早年基于现象观察对互联网消费行为的概念界定。

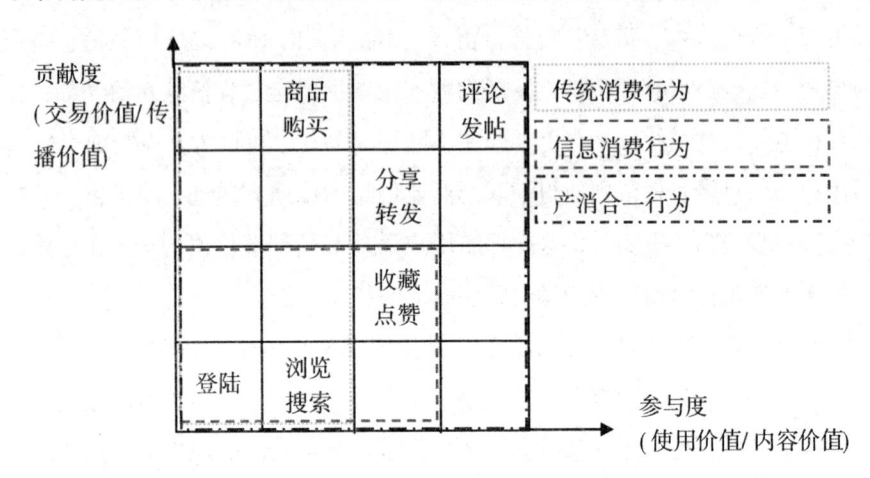

贡献度 (交易价值/ 传播价值)				
	商品 购买		评论 发帖	传统消费行为
		分享 转发		信息消费行为
		收藏 点赞		产消合一行为
登陆	浏览 搜索			参与度 (使用价值/内容价值)

图1.1　互联网消费行为特质的二维坐标表征

（1）传统消费行为

消费行为作为一种经济活动围绕商品交换而产生，最初夹杂于哲学、心理学的研究体系之中，至19世纪末期经济学领域产生"均衡价格"的分析框架，将需求规律、边际效用规律及消费者剩余引入研究体系，进一步为消费者行为学的产生做了一定的理论准备。随着生产力的发展和消费品市场的繁荣，物质过剩使得卖方市场转向买方市场，市场研究者和营销组织对消费者行为的某些问题的探究渐趋于深入，这使得消费者行为学逐渐剥离出来，成为一门独立的学科，研究的广度和深度亦不断发展。以往关于消费行为的基本内涵总体围绕商品购买展开，范畴从获取所需事物的行为发展到获取所需事物之前（购买决策阶段）和之后（反馈阶段）所有行为的过程，涉及个人及组织在满足需求的过程中对产品、服务及理念等各类商品的选择、获取、使用、评价及处理。消费行为的研究内容涉及6W1H，包括消费主体Who（个人、单位或政府）、消费动机Why（满足渴望与需求）、消费对象What（商品、服务、信息）及决策过程（哪里买Where，何时买Where，买

8

哪个 Which，怎么买、买多少 How）等。

第一类互联网消费行为是以购买为目的的交易行为，同传统消费行为。其过程通常是目标性单向静态信息获取，以实现商品的筛选和购买，行为主体实质为传统意义上的消费者。此类消费行为表现总体是追逐效用最大化的，其信息互动和分享程度较低，但是此类消费行为涉及的信息互动决策更易于操控。由于此类消费行为具有决策的理性化特质，因此，可预期的功利性刺激将对其产生一定的作用，如，"在不久的将来即可抵扣现金的积分奖励"可以促进其产生分享、评论等信息互动和传播行为。总体而言，此类消费行为通过基于社会化电商平台或与其对接商城的商品购买行为产生较为直接的经济贡献，而信息互动参与度较低，但可通过功利性刺激予以提高。

（2）信息消费行为

事实上，"Web2.0 时代的消费行为"中的"Web2.0"论及的重点是消费的情境或者媒介——互联网，而在这一情境中所有市场标的物均通过信息的形式呈现，所有的经济活动均依托"信息"实现。因此，当论及互联网消费时有必要对国内学界一度提及的"信息消费"进行辨析。

"信息消费"本身并不是一个新兴的经济学术语。早在 1990 年代初，我国学者郑英隆即提到"信息产品消费"这一术语，认为"信息产品消费就是消费者对信息产品进行内容吸收和利用的活动"，并于此后进一步将"信息消费"定义为"社会各种类型决策者将现有的有关决策的信息进行消化吸收，并通过若干转换加工形成行动方案决策或思想决策的过程"。可见，信息最初被视为产品；信息消费观点偏重于将消费者视作受众，描述消费者对于媒体信息的主观能动反应行为。从郑英隆的观点中可以发现，信息消费同市场和传媒均有一定的联系，但这种联系又未得以被具体论及。因此，学界关于"信息消费"的早期认识仍然存在一定的模糊性。此后，贺修铭首次从消费过程的角度阐述信息消费，认为信息消费是社会信息生产和交流过程的延续，是信息消费者获取信息、认知信息内容和再生信息等基本环节所构成的社会活动。这一观点从消费者角度将目光投向信息的获取和再生，已具备在互联网情境下用户信息生产和消费双重行为的思想雏形。国家层面亦从消费经济学的视角对信息消费的概念进行了界定，即"直接或间接以信息产品和信息服务为消费对象的消费活动"，将商品/服务消费行为及信息互动行为均纳入信息消费行为的内涵中。

即便如此，有关于信息消费的实证研究极度匮乏。虽然，在我国信息化建设中，信息消费对于经济发展的贡献卓著，但历经二十余载的理论研究仍然停留在现象和概念范畴。信息消费（Information Consumption）作为一个极具中国特色的经济术语（西方鲜见相关术语）并未发展成为鲜明的学术理论体系。尽管其在学术界并不是一个成熟或热点的研究领域，然而无论是理论层面、社会层面甚至国家层面，能够达成的共识包括：信息及其相关产品或服务曾被视作消费品；消费者以有偿或无偿的形式，在市场或媒体的情境下所进行的信息相关交换均被视作信息消费行为。

第二类互联网消费行为是以信息获取为目的的平台使用行为。主要过程通常包括无目的性的信息接收或有目的的单向信息获取，难以形成任何具有价值跃迁性质的行为结果，通常是信息使用行为（如，浏览、收藏、点赞）其行为主体实质为传统媒体受众。其行为表现除了登陆、浏览、搜索这类平台使用的基础活动外，主要是信息和商品的收藏行为，极少产生社交性的信息互动、传播和创造等行为，且极少基于平台或平台对接的商城购买商品。因此，单纯以信息获取为平台使用目的的消费者，其对于平台的贡献度和参与度均较低，主要体现为平台流量贡献，而在直接交易价值和传播价值方面贡献甚微。

（3）产消合一行为

就目前的互联网应用情况而言，网络消费行为仍隶属于消费行为学研究范畴。绝大部分的研究仍是互联网经济环境下消费行为理论在线上交易活动中的运用，以传统消费行为理论为基础进行实证研究。如，学界最初将互联网消费行为定义为消费者为满足自身的需求而对因特网上各种信息产品的消费。然而，消费行为确实因互联网这一新兴媒介而萌发出新的特点。

基于其信息活动的本质，在互联网自身不断演变和发展的形势下，国内一些学者在传统消费行为概念界定的基础上，不断扩充网络消费行为的概念内涵。如，何明升（2004）认为网络消费是指人们以互联网络为生活工具而实现其自身需要的满足过程。此概念将互联网视为消费的媒介及工具，并认为网络消费是与生产合一的，即消费者须投入网络和时间资源，并以此为基础，才可生产出满足其欲望的消费品。其投入和生产理念点出了网络消费行为不同于传统的特点，但在内容上仍然具有较大的局限性。沈蕾和郑智颖（2014）通过文献回顾并联系市场实践，将互联网消费行为表述为消费者基于互联网的信息消费、传播与创造等行为，并认为其实质是基于网络信息的复合型消费行为（即信息的消费及生产行为）。该理念已完善了网络消费行为的复合型内涵，明确了消费者在互联网经济中充当生产者和消费者的不同以往的双重身份，并将信息消费理论中的"内容消费"纳入考虑范畴。

第三类互联网消费行为表现为生产型消费，即产消合一行为，体现为兼具信息互动、生产、传播和商品购买等多重特质。此类消费者乐于以单向和交互的方式，从其他成员的体验或口碑等静态和社交信息中发现有助于其对商品购买决策的信息，且经常主动进行信息回应，并生成或传播原创信息。因此，此类消费行为不同于前两类的特征是其更具有信息互动和传播的积极性。然而，在媒体价值和市场价值的贡献方面，其内部仍然存在一定的分化，主要表现在信息互动和传播的参与程度方面。由于不同参与程度的时间和精力投入存在差异，如内容生成（评论、发帖等）高于内容转发（分享、转发等）高于内容认同（点赞、收藏等），大部分消费者倾向于参与低投入的信息互动和传播活动。但仍有部分消费者愿意参与一些从效用角度看似非理性的经济活动。总体而言，在此类消费决策的形成过程中，互联网的媒体和渠道功能均得以较为充分地被使用，消费者在自我层面对信息接纳的基础上，进一步通过分享和生产的方式在社交层面对信息进行传播。此外，消费者在这一过程中常常促成自我和他人的商品购买行为。因此，此类消费决策过程同时具有较高的经济价值贡献度和信息传播及生产参与度。

第2章 产消行为的概念界定

2.1 产消研究

产消（Prosumption）一词最早由 Toffler 在 1980 年的著作"第三次浪潮"（The Third Wave）中做出相近的阐释，并将并将那些为了自己使用或者自我满足而不是为了销售或者交换而创造产品、服务或者经验的人命名为产消者（Prosumer）。传统意义上的产消者被理解为消费者通过调整、修正及转变资产形式以为其自身提供产品或服务的主体（Berthon，2007）。随着网络通信技术的发展，消费者的角色及行为发生了变迁，消费者变为产消者，具体指其具有消费者和生产者的双重属性（Ritzer 和 Jurgenson，2010）。具体而言，产消者区别于传统的顾客参与（Pitt 等，2006；Xie 等，2008），学者 Troye 和 Supphellen（2012）从生产性消费的角度对产消活动进行了解读，主要指"顾客以收获心理体验为目的，利用自己的知识、技能，通过劳动将商品化产品作为工具生产自己想要结果的过程"。"产消者"的兴起正在重塑者经济生产主体与生产方式，企业创新模式与组织模式，是社会经济结构的一种变革（Ritzer 等，2012）。更为具体地，Ritzer（2013）还提出了产消连续带模型，并将生产和消费重新定义为生产性产消和消费性产消，认为产消不是作为一个单一的过程（或现象），而是作为一种广泛的以一个连续体形式存在的过程。

通过文献梳理可以发现，当前的产消研究可以归纳为以下几个方面：产消兴起的原因、产消动机及产消价值研究三大方面。就产消兴起的原因来看，基于互动特征的Web2.0在线服务消费以分享为显著特征，为产消活动的发展提供了平台及发展的现实基础，其通过服务参与和人际交互，顾客彼此之间分享资源、时间、信息、空间、体验；但不涉及所有权的归属和转移（Raban和Rafaeli，2007）。具体来讲，驱动消费者转化为"产消者"的是追求参与和乐趣、学习与交流、社区认同、互惠利他等社会性动机（Cova B. 和Cove C.，2012），而非经济动机。此外，点对点网站的出现、开放源代码软件、用户易于掌握的应用程序和编辑工具、廉价的存储器与数码产品都为产消者的出现提供了可能，推动了集体创造力的爆发（Seran和Izvercian，2014；Chandler和Chen，2015）。该类产消活动使得企业、顾客以及顾客群体间的关系脱离了原有简单的经济价值交换模式，进一步解释了消费领域顾客互助行为动机的真实内涵（Tapscott和Williams，2008）。产消者动机发展研究主要集中于个体动机及社会化动机研究（Chandler和Chen，2015）两部分：个体动机涉及：自由完成创意工作（Bourneli，2009）、内心满足、个体放松及提升创意产出等内容（Dahl和Moreau，2007；Rostan，2010）。社会化动机可以分为交流动机及外界知识获得动机两方面（Dahl和Moreau，2007）。产消价值研究，主要基于服务主导逻辑，从协同生产、消费者赋权及价值共创的角度展开研究（Cova和Dalli，2009）。

国内的产消研究多从用户生成内容及消费者承担价值两种角度进行解读（孟韬，2012）。沈蕾团队率先关注到web2.0时代下的生产方式的变革——产消活动，并根据学者Ritzer的解释将产消活动定义为是一系列没有生产与消费区别的连续性活动，生产与消费相互贯通、相互融合，而非偏重于二者之一。沈蕾（2013）将互联网虚拟社区的消费用户按贡献度与交往度划分为9种类型，提出了基于角色理论的用户行为分类框架，并将网络消费行为解释为信息消费与信息生产的双重特性。"产消者"本质是通过业余生产来实现劳动者"工作内容孵化",以极致个性化服务占领利基市场(赵振,2015)。基于协作式平台的"产消者"通过其知识分享活动及规模协作效应进一步促成了平台发展的"无组织力量"(王永贵等,2016;沈蕾和韦骁勇,2016)。存在于互联网经济领域的产消者,其通过"用户生成内容"(UGC),创造了 Wiki、FaceBook 等商业模式。除用户生成内容外,基于体验价值的产消者研究也同样得到学者的关注,平台企业通过互融互通,提升了产消者参与过程中的体验价值(沈蕾和郑智颖,2018)。体验价值不仅存在于商品、产品或服务本身,而在于平台发展的体验营销过程中,该类型的体验营销通过平台企业开发体验产品和营造体验情景,吸引顾客互通形成体验价值(李震,2017),并进一步促成了顾客参与的生产性消费活动(郑秋莹和范秀成等,2017)。

综上所述,目前产消者研究大多局限于消费者互动,而实际上产消不仅包括消费者的生产活动,也应该包括生产者的消费活动,平台多边市场多主体的互动成为构筑共享经济研究的全新范式。学界有关顾客产消行为及产消价值研究仍较为稀缺,且概念界定及研究范式尚处于探索及发展阶段,国内学者也尚未形成统一的定论。因此,进一步开展 Web2.0 环境下,产消概念界定,产消行为参与过程及价值创造结果的研究有其必要性和实践意义。

2.2 研究方法与数据收集

2.2.1 研究方法

本研究的主要目的是从消费者所陈述的互联网活动及其互联网消费体验中,分析得出产消行为的内涵。研究的本质属于探索性质,因此选择了扎根理论方法进行分析。鉴于目前理论落后于实践发展的现实状况,研究将以对互联网消费者的深度访谈资料为主,以互联网口碑平台——百度口碑的相关消费者言论等原始资料为辅,经过三级编码分析(开放编码、主轴编码和选择性编码)对产消行为的内涵进行浓缩,遵照持续比较的思想,不断对理论进一步提炼和修正,直到达到理论饱和(新材料不再对理论构建产生新的贡献),从而形成结论。

2.2.2 样本选择与数据采集

(1)访谈样本选择及其基本情况

本研究将研究情境锁定为用户主导内容生成的典型互动消费平台——社会化电商。原因在于这一情境包含了Web2.0网络市场及社交媒体的双重特性。根据理论抽样法,本研究的访谈对象主要选择有社会化电商网站使用经验且符合国内主流社会化电商网站目标市场特质的消费者。从CNNIC对国内社会化购物的统计的情况来看,网购用户使用最多的社会化分享网站包括微博、蘑菇街、美丽说(后两者目前已合并),使用率分别为62.2%、33.1%和25.9%。这些平台的受众主要是女性,一般在18-35岁之间,通常拥有高等学历(如微博高等学历用户占79%)。因此,基于对目前主要社会化电商平台用户基本特质的了解,本研究的访谈样本对象锁定为有社会化电商平台使用经验、18至35岁、拥有高等教育背景的女性。

利用方便抽样和滚雪球式抽样相结合的非概率抽样方式,根据持续比较的原则,本研究最终对8位互联网消费者进行了访谈。8位被访者均为22至29岁之间的女性;所提到的社会化电商平台使用频次分别为:美丽说4次,蘑菇街3次,堆糖网3次,微博2次,小红书、豆瓣东西、礼物说、人人逛街、什么值得买、爱逛街各1次;使用中所关注的商品类别主要为服装和化妆品。

(2)数据采集

①访谈数据采集

本研究采取一对一的半结构化深度访谈方式,访谈步骤如下:首先,向受访对象解释 Web2.0（用户主导内容生成模式）和社会化电商模式的意思（包含社交媒体功能的电子商务，支持社会互动，并通过用户贡献来协助网上购买和销售产品及服务），并列举诸多典型社会化电商平台。然后围绕访谈提纲进行推进：基本人口统计信息、社会化电商使用经历和习惯以及社会化电商的使用意图等。访谈结束后，将每次访谈文字资料均转化为文档，共形成 8 份访谈文字记录。

②互联网口碑平台的消费者言论

本研究利用网络田野法对消费者在"百度口碑"平台所留下的相关社会化电商网站的使用心得进行分析，主要提取网络消费者关于蘑菇街、美丽说、堆糖网等较为主流的社会化电商网站的评论。最终，所收集的评论总数约 800 条，意在通过这些评论剖析消费者内心关于互联网消费的真实想法。

2.3 产消行为内涵的发掘过程

在获取分析材料的基础上，采用 Strauss 主张的、学界惯常使用的程序化扎根理论分析法，主要目的在于发现概念、范畴和命题。分析过程将遵照持续比较、不断分析的原则展开，直至理论达到饱和。

2.3.1 开放编码

开放式编码的主要工作是对原始资料进行初步分解、整理和比较，以开放的方式（不给予研究人员任何限制）从资料中提取内容，从而界定概念、发现范畴。本研究在每一次访谈完成后，即以逐句逐行的方式针对相应的文字资料贴标签。第一轮"标签"主要标记同互联网消费相关的词语、词组或含义；在标签的基础上，进一步发掘初始概念，并赋予其一定规则的编码；对概念进行分析比较，将涉及同一现象或事件的概念聚合，形成更高层次的概念统摄——范畴。针对本研究的访谈资料，在开放编码阶段，通过整理归纳得出 58 个概念和 11 个范畴。这 11 个范畴包括：同电商平台存在关联的媒体平台（社会化电商平台）、购物渠道、购买需求、信息需求、非目标性信息接收、目标性单向静态信息获取、双向社交性信息获取、信息使用、信息传播/生产、商品消费和个体发展。表 2.1 以被访者 A1 的部分言论为例，列举了概念化的过程。

表 2.1　开放编码概念化过程示例

概念	语句
b1：链接电商的媒体平台 b2：电商平台 b3：未链接电商的社交媒体平台 b4：购买渠道	A_1：至于购买，因为我平时用的那个礼物说（b1），是直接链接淘宝的（b2），比较放心，所以我会买。偶尔上 Instagram 看看品牌商家贴的穿搭图片，但这个平台不卖东西（b3），常常不确定这些东西在哪里会有卖，礼物说这种平台一般都贴了让你能买到的商品链接（b4）。
b5：购买动机 b6：寻找商品	A_1：最初使用礼物说是因为逢年过节我要送东西给别人（b5），不知道送什么就很犯愁。我觉得这个平台就是针对这种痛点开发的，我能很快找到合适的东西送出去（b6）。
b7：无目标浏览（闲逛） b8：收藏商品	A_1：也比逛街更加省时间，我不可能天天出去逛街，但是我可以天天上网逛逛（b7），把喜欢的东西先收藏起来（b8）。
b9：参考商品的点赞量 b10：自身喜好 b11：参考他人评论	A_1：遇到那种点赞数量很多的商品，我一般会觉得大家眼光蛮一致的。如果要购买的话，我还是会参考一下（b9），但主要还是自己喜欢（b10）还有其他人的评论（b11）。
b12：唤醒感 b8：收藏商品	A_1：如果看到一个不错的东西，会眼前一亮（b12），然后我就会收藏一下（b8）。
b13：从平台信息浏览中得到休闲	A_1：一般就是晚上睡觉前，或者无聊的时候，会上这些网站看看，打发时间，放松一下（b13）。
b14：积累知识	A_1：我在平台上看到一个肥皂盒，设计蛮巧的，于是我观察了一下这个肥皂盒的构造，发现自己也可以这么改装肥皂盒（b14）。

续表

概念	语句
b15：情绪 b16：分享商品	A_1：如果有特别打动我的商品（b15），我才会分享到自己的页面（b16）。
b17：功利性激励 b18：评论商品	A_1：我不太会去评论，懒得评论，但是如果它给我积分（b17），我还是会评论的（b18）。
b19：获取启发性商品信息	A_1：如果有比较好看的（款式）的话，我就看，或者收藏，因为它有淘宝链接（b19），看完以后我再到电脑上，或者淘宝或者实体店里面去看。

2.3.2 主轴编码

主轴编码阶段的主要工作是发现和建立范畴之间的各种联系，进而形成更加系统概括的范畴。本研究根据开放式编码所形成的11个相关独立范畴的内在联系和逻辑，最终形成4个主范畴，包括：行为情境条件、行为生成动机、消费行为过程和行为结果。具体内容如表2.2所示。

表2.2 主轴编码内容

主范畴	范畴	范畴说明	概念列举
行为情境条件	同电商平台存在关联的媒体平台（社会化电商平台）	用户对于所用平台的情境功能需求。	b1：链接电商的社交媒体平台 b3：未链接电商的社交媒体平台 b24：兼具社交信息和购买渠道的平台
	购物渠道		b2：电商平台 b4：购买渠道
行为生成动机	购买需求	用户使用社会化电子商务平台的行为动机。	b5：现实购买需求 b34：潜在购买需求
	信息需求		b13：从平台信息浏览中得到休闲 b21：从平台信息互动中得以社交适应 b36：从平台信息互动中实现自我

18

续表

主范畴	范畴	范畴说明	概念列举
消费行为过程	非目标性信息接收	用户信息浏览的同时为平台带来浏览量。	b7：无目标浏览
			b37：成瘾性浏览
	目标性单向静态信息获取		b6：寻找商品
			b19：获取启发性商品信息
			b20：获取参考性商品信息（商品的点赞量、评价…）
			b25：获取社交性商业信息
	双向社交性信息获取	用户通过社交互动从他人处获得信息，同时平台黏性增加。	b26：向意见领袖寻求意见
			b32：咨询他人选购意见
			b33：咨询他人的购后心得
消费行为结果	信息使用	用户行为的传播性有限，但仍然可扩充平台流量和忠实用户群。	b31：登陆平台
			b8：收藏商品
			b22：点赞商品
	信息传播/生产	用户生成并传播平台得以维系、赖以运转维系的内容资源。	b16：分享商品
			b18：评论商品
			b23：生成商业性社交信息
			b30：发帖晒货
	商品消费	用户购买商品，完成交易。	b28：订制个性化商品
			b35：购买商品
	个体发展	用户得以提高个人资本，得到个人发展。	b14：积累知识
			b27：结交志趣相投的朋友
			b38：成为意见领袖

2.3.3 选择性编码

选择性编码的主要任务在于立足资料，通过主范畴挖掘核心范畴，并将核心范畴和其他范畴联系起来分析并理清相互之间的关系。在分析操作的过程中，一般包括若干步骤：识别能够总领所有范畴的核心范畴、锁定能够验证或者丰富范畴之间关系的素材、形成可描绘整体行为现象的故事线。

（1）产消行为内涵结构维度发掘

通过对主范畴进一步的考察和提炼，并联系研究意图和研究情境，本研究将"Web2.0产消行为内涵"定义为核心范畴，并用它来概括其他所有范畴，并将其抽象为：在兼具商品交易和信息互动功能的典型商业平台——社会化电商情境下，用户出于物质需求和信息需求，通过有目的地单向式获取静态信息或双向式获取社交信息甚至无目的地接收信息等一系列信息消费过程，产生多种形式的消费结果，其中包含信息使用、信息生产、信息传播、商品消费以及用户的个体发展行为。表2.3展示了由消费者访谈及网络口碑资料中所提取的部分主范畴的典型关系结构。

表 2.3 选择性编码内容

总体关系结构	典型关系结构	关系结构内涵	受访者语句示例
行为生成动机同行为过程的关系	购买需求→目标性单向静态信息获取	消费者出于物质需求动机，主要通过单向地寻求现有静态信息或双向地征询他人意见，而有目的地获取信息。在出于信息需求动机的情况下，消费者的信息获取常缺乏显著的目标性。	A_3：我使用这种平台主要是它能给我提供很好的信息渠道。想买什么东西，基本上都有很多使用心得。
	购买需求→双向社交性信息获取		A_5：如果是买服饰用品的话，我要是对别人晒的东西感兴趣，就会去问问详细信息。
	信息需求→非目标性信息接收		A_2：无聊的时候就想一直看，莫名其妙地看到夜里两三点。
	信息需求→目标性单向静态信息获取		A_2：我有次跟朋友们聊天，聊到一个我没说听过的爆款，我立马去小红书查了查。
	信息需求→双向社交性信息获取		A_{10}：可以在这个网站上学习一些穿衣搭配，也和别人探讨拍摄技巧。
行为过程同行为结果的关系	目标性单向静态信息获取→信息使用	目标性的单向静态信息获取常常以商品消费及信息的传播和信息的传播和再造行为收尾；带有社交性质的双向信息获取常常伴随着个体发展和精神满足；而非目标性的被动信息接收则更可能产生低社交传播价值的信息互动。	A_2：看到好看的就收藏，逛街的时候正好有个流行参照。
	目标性单向静态信息获取→信息传播/生产		A_5：我有成为网络时尚达人的心，看到一些时尚相关的内容还是会评头论足。
	目标性单向静态信息获取→商品消费		A_3：我发现又有人爆料低价，我就很激动，立马跑去看看能不能买。

续表

总体关系结构	典型关系结构	关系结构内涵	受访者语句示例
行为过程同行为结果的关系	双向社交性信息获取→信息使用		A_3：现在淘宝评论里面可以提问商品相关的问题，我会给有用的回答点赞。
	双向社交性信息获取→商品消费		A_3：在评论区问问买过的人，人家都说好，我也会买。
	双向社交性信息获取→个体发展		A_{10}：参加各种兴趣主题小组可以找到日常生活中难以遇到的、跟自己兴趣相同的朋友。
	非目标性信息接收→信息使用		A_1：一般无聊的时候，会上这些网站打发时间，看到好的就顺手收藏一下。
	非目标性信息接收→商品消费		A_4：没事就看看，看到好的不由自主就买了。

依据"行为动机——行为过程——行为结果"之间的逻辑关系可描绘出Web2.0产消行为概念结构，如图2.1所示。

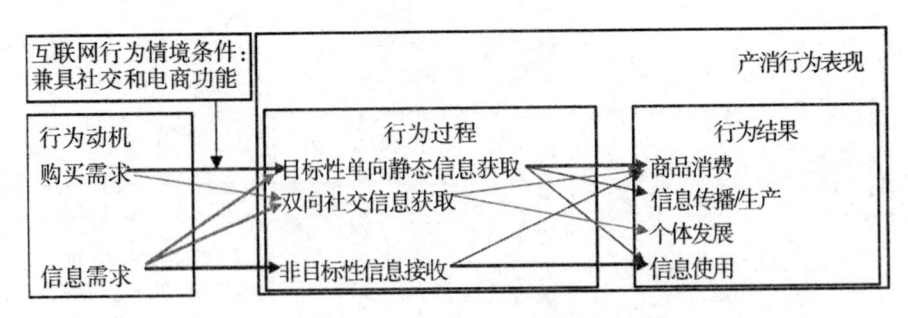

图2.1 Web2.0产消行为概念结构模型图

第3章 产消价值的形成机理

理清"产消行为"的内涵、特征、类型及其形成机制之后,本章进一步理清产消价值的来源及其作用机制。具体而言,明确 web2.0 时代背景下产消者参与价值共创的过程及其产消价值的解构具有重要的意义,不仅可以为社会发展提供智力支持,同时能够为平台企业吸引更多的产消者融入提供实践指导。

3.1 产消价值研究

产消者研究多与网络空间的用户生成内容(UGC)联系在一起(Ritzer 和 Jurgenson, 2014);同时产消者在使用市场资源再生产及服务体验过程中创造价值(Mustak 等, 2013),而且产消者参与价值共创改变了服务的边界及结构特征(Gill 等, 2011; Giannopoulou 等, 2014)。

Web2.0 时代,信息技术使得人们能很容易在网络分享彼此的观点和体验,用户生成内容(UGC)惊人增长的背后是生产方式的变革。伴随着服务配置和设计的现代结构和界限的变化(Walters, 2004; Ordanini 和 Parasuraman, 2011),Zwick 等(2008)认为这种产消结合的形式意味着公司向消费者出让更多的"新的自由",并指出:"在思想上征集消费者进入价值共创关系要依赖于对消费者获得认可、自由与权利的需要的接纳。"产消价值研究主要集中于品牌价值体验、产消者价值参与及企业价值提升三个方面。具体而言，品牌共创过程往往是一种利用消费者的方式（Zwick 等，2008），生产性消费者通过其品牌推崇实现了品牌价值的提升（Foster，2008；Cova 等，2011；Cova，2012）。需要指出地是，在产消活动（生产性消费）中，顾客不是被动地接受产品或服务，而是主动参与价值创造（Troye 和 Supphellenm，2012；Mochon 和 Norton，2012）。从企业的角度来看，产消者参与价值共创促进企业成本外化，提升经济效益（Cova B 和 Cova V，2012）。不仅如此，伴随着共享经济的社会化电商通过平台实现 P2P 交互，该模式依赖于顾客与 SNS 的持续性使用及契合，进而推动网络平台产消活动过程中体验价值及传播价值的提升（Hamari，2015）。

从国内研究可以发现，学者沈蕾所带领的团队率先关注互联网经济时代平台产消活动（沈蕾和韦骁勇，2016），该研究团队通过扎根理论研究了 Web2.0 时代下，产消行为研究的价值创造，并从交易价值、内容价值、传播价值、使用价值及个人提升价值的角度明确了平台产消活动的价值创造（结果价值）。郑秋莹和范秀成等（2017）丰富了顾客生产性消费的体验价值研究，研究模型改变了以往以产品为基础的享乐消费研究范式（实用性 VS 享乐性），重新构建了一种以体验为基础的享乐消费研究范式（享受型快乐 VS 实现型快乐），从而为企业更多关注顾客的自我表达需求提供理论指导。在互联网情境下，在线体验工具的发展积极影响了顾客授权感知并进一步影响顾客信任感和参与共创的意愿；在这一过程中，品牌共创得益于该类顾客授权及核心成员的共同行为，共同致力于数字世界的平台价值共创（朱良杰和何佳讯等，2017）。然而，国内产消者的价值共创动机及价值共创路径分析尚未形成定论，且相关研究呈现碎片化分布的现象，有关产消研究的生产发展机理及社会意义尚未被充分挖掘。

3.2 产消价值形成机理的发掘过程

本研究分析资料的获取过程与产消行为内涵的发掘过程一样，详见第二章第二节相关内容。在获取分析材料的基础上，仍然采用 Strauss 主张的、学界惯常使用的程序化扎根理论分析法，通过开放编码、主轴编码、和选择性编码，提炼产消价值的概念、范畴和命题。

3.2.1 产消价值维度建构

第二章扎根理论分析明确了用户的行为生成动机同行为过程、行为过程同行为结果之间关联。在此基础上，本研究通过进一步考察不同消费者的活动特征，辨析得出不同于传统媒体和市场消费行为的产消行为，并认为这些行为均可在不同程度上实现价值的生产或提升。

用户的价值生产主要由目前主流的互联网价值评估标准来认定。互联网本身作为传播信息的媒体，不断发展出包括电子商务在内的各类商业模式。但商业网站无论是媒体模式主导、市场模式主导抑或两种模式兼具，其价值的评估均来源于用户的使用情况，具体的估值通常包含有形的收入实现和无形资产价值。目前，业界在网站价值评估中所参考的最为重要的指标仍然为流量，如，最为权威的网站世界排名发布公司 Alexa 所使用的评价机制为浏览率（如，浏览量 PV、独立访客数 UV 及人均浏览量等），而在此方面学界并未给予过多的重视。业界相关考察指标通常包括：页面访问次数（点击率）、停留时间（黏性）、回访率（忠诚度）、支付费用等等。

互联网用户的任何信息消费行为过程（即使非目标性的信息接收）均通过网站访问实现，与此同时为网站带来基础的流量贡献；双向的社交信息获取等社交互动行为有利于提高用户的停留时间和黏性，并促进用户形成虚拟社交关系，进而提高回访率；因此，用户的行为过程必然产生网站流量，而带有社交性质的行为则可进一步培养用户的黏性和忠诚度，即，用户的信息消费行为过程必然产生平台基础价值（用户使用即可带来平台基础价值）。

在用户的行为结果中，信息传播/生产（典型的 UGC 行为）扩充了原有的平台内容，或将内容送达更多其他消费者，提升了平台基础流量，并为平台获得更多受众，因此能够提升平台的基础价值和内容价值；商品消费可转化为直接的交易价值；即便是不涉及传播的信息互动（点赞、收藏）仍然对平台流量（基础价值）的提升存在贡献；而伴随社交沟通实现的个体发展有助于积累知识、获得朋友、提升权威性，因此可提升个人价值。由此，产消行为结果实质上体现为平台和用户的价值共赢。

从行为过程同行为结果的关系来看，行为过程价值对结果价值产生的作用无须赘言，即所有结果价值的产生必须以低层次的流量贡献为基础。另一方面，用户和平台价值共赢的良性互动有益于二者关系的维系和进一步强化，如，人气越高的平台越易吸引新用户并培养用户黏度，即，结果价值可反向促进过程价值的产生。图 3.1 针对主范畴关联所绘制的 Web2.0 商业情境下的产消行为的价值生成原理图。

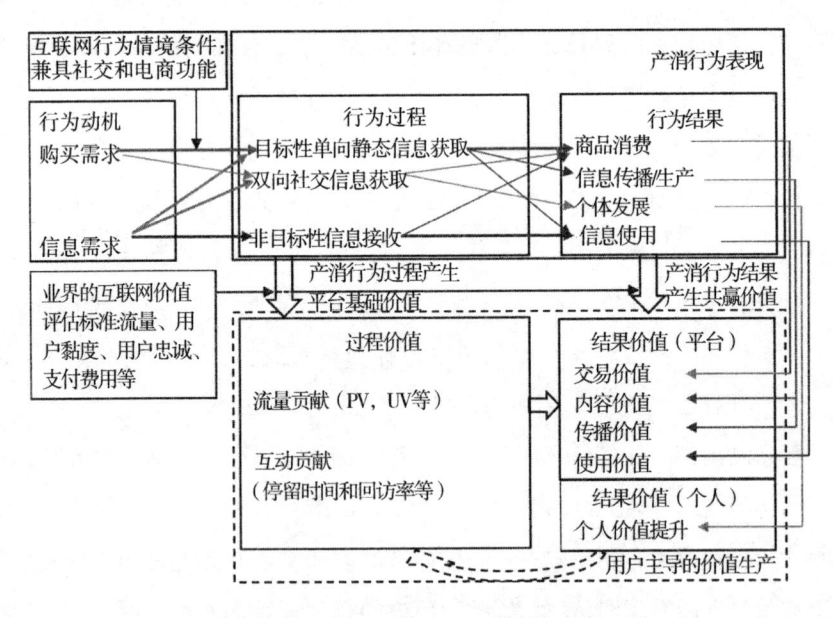

图 3.1 产消价值生成机理概念模型

综上，从价值生成的角度来看，Web2.0时代的任何消费过程同时也是价值生产过程，无论是类似传统意义上的媒体行为、商品消费行为或产消合一行为。消费者既非单纯的价值获取者，亦非单纯的价值交易者，而是价值产消者，即通过消费一定价值而生产新的价值。这一事实以往仅仅因为惯常的商品交易思维而被掩盖，却又因Web2.0时代典型的生产性消费行为（产消合一行为）特征而本质凸显。因此，在互动商业时代，仍以传统的纯粹生产或消费的二元视角来看待消费者行为或价值均存在明显的局限性。

3.2.2 理论饱和度检验

理论饱和度是判别采样是否足够的标准——当收集的资料或数据不再产生新的理论且不再发展任一范畴特征即视为理论饱和。

实际上，本研究在前6次访谈中所收集的资料已涵盖几乎所有概念和范畴，第7次和第8次访谈并未发现新的内容和新的关系。为了进一步确保理论饱和，本研究对"百度口碑"中的消费者评论进行编码，发现从不同消费者的使用体验言论所提取的概念内容存在大量重复，因此，就这一资料来源而言，其本身也形成了理论饱和。将深度访谈内容和"百度口碑"网络评论内容所形成的概念范畴进一步对比和综合，确认本研究通过理论饱和度检验。

3.3 产消行为及产消价值的实证分析

在产消活动（生产性消费）中，Troye和Supphellenm（2012）指出消费者改变其传统的角色特征通过参与到协同生产、协同设计等活动中，从而参与价值创造顾客不是被动地接受产品或服务。不仅如此，产消者通过参与价值创造降低了企业成本，提升了新产品的顾客满意度，从而增强了企业的客户黏性（Cova B 和 Cova V，2012）。不仅如此，伴随着共享经济的社会化电商通过平台实现 P2P 交互，该模式依赖于顾客与 SNS 的持续性使用及契合，进而推动网络平台产消活动过程中体验价值及传播价值的提升（Hamari 等，2015）。

关于 web2.0 商业时代的消费行为研究中所涉及的社会化电商平台有极高的相似性，兼具购物与信息社区交流特点，通过以上扎根理论方法，已经完成了相对成熟的质性研究成果。并以上述质性研究结果，作为"产消行为"及"产消价值"测度项目的选择与归类的依据。相关实证研究还在进一步进行中。

表 3.1 产消行为相关扎根研究结果

名称	范畴	说明	举例
产消行为	非传播性信息互动	用户行为的传播性有限，但仍然可以扩充平台流量和忠实的客户群体	登陆平台
			信息浏览
			收藏
			点赞
	传播性信息生产	用户生成并传播平台得以维系、赖以运营评论维系的内容资源	分享
			评论
			生成商业性社交信息
			转发信息
	商品消费	用户购买商品，实现交易	订制个性化商品
			购买商品

表3.2　产消价值相关资料扎根研究结果

名称	范畴	说明
产消价值	交易价值	提升了平台基础流量，并为平台获得更多受众
	内容价值	商品消费可转化为直接的交易价值
	传播价值	用户购买商品，实现交易
	使用价值	即便是不涉及传播的信息互动（点赞、收藏）仍然对平台流量（基础价值）的提升存在贡献
	个人价值提升	伴随社交沟通实现的个体发展有助于积累知识、获得朋友、提升权威性，因此可提升个人价值

本篇小结

本篇利用扎根理论分析归纳提炼了 Web2.0 时代消费行为的本质内涵——产消合一（Prosumption），并通过逻辑论证说明了产消合一价值（Prosumer Value）形成的原理。从 Web2.0 时代价值创造的实质来看，在社会化互动商业情境下的消费者行为已产生了质的飞跃，生产和消费二元结构已逐渐了失去以往的解释效力，而产消合一这一理论学说则更加符合数字时代消费行为的发展趋势，为互联网消费行为的理论研究提供创新视角。总体上，本篇的主要理论贡献如下。

（1）揭示了 Web2.0 时代消费行为的本质内涵及其类型

Web2.0 所带来的消费者信息互动权限的不断扩张，使得互联网消费行为的内涵产生了巨大变迁。本研究发现 Web2.0 时代的消费者行为已不同于传统意义上的消费者购买行为。互联网消费行为所表现的形式多样，概括起来包括信息获取行为、商品购买行为和信息传播及生产的复合行为（产消行为）三类，这些行为除了能够带来传统意义上的直接经济价值，还创造空前的媒体传播价值；不同消费者所呈现的参与度和贡献度迥异，产生的商业价值也不同，部分消费者仅表现出其中一种行为特征，而部分消费者则体现出多重行为特征。

（2）推演了产消合一价值形成的原理

Web2.0 阶段的互联网消费行为既包括商品消费行为，也包括信息使用、传播和生产行为，二者皆可实现价值转化或生成。之于平台价值的形成而言，消费者的任何访问对于平台的基础价值均产生贡献，商品消费直接贡献交易价值，而信息的使用、传播和生产则形成平台得以运转的使用价值、内容价值和传播价值；同时，对于消费者自身而言，其通过平台交往亦可得到一定程度上的自我满足，并获得个人价值的提升。因此，Web2.0时代的消费行为实质为用户主导的、伴随着平台和用户价值共赢的活动，其不同以往的重要特征为伴随着信息消费的价值生产活动，即复合的生产性消费本质。在以往的市场营销领域中，无论是互联网消费、信息消费抑或是共同生产及服务主导逻辑的价值共创，消费者的价值生产角色均有被提及，然而却一直未跳出通过"交换"实现价值的传统思维模式。

（3）产消合一与新经济模式

产消合一的行为理论揭示了微观层面价值形成的原理，亦成为以Web2.0互联网技术为依托的分享经济共创价值的生成基础。即，互联网为产消者提供了资源对接的平台，产消者自行生产内容资源（如，经验、图片、房屋租赁信息、劳务租赁信息等等）供平台的其他用户消费，而诸多用户在信息消费的基础上进一步通过互动生产出新的内容（如，评价、发帖、转发等），达到消费和生产的高度融合，并促成平台价值、使用价值和社会价值的实现。在这一新经济模式下，分享行为发生在广大陌生人之间，模糊了社会边界，产生并再生了社会关系。

传统价值链理论认为价值的生产、传递和增值均由企业主导完成。而根据本篇针对Web2.0商业情境下价值生成的分析结论来看，价值生成的主体已转化为消费者（产消者）。不仅如此，产消者所创造的价值形式多样，然而目前可以计量的仅仅只有商品消费的交换价值，那些无法衡量的劳动力所创造的无法衡量的价值客观存在，并不断促进着新经济的繁荣，同时深刻改变着经济活动的组织方式和运行方式。这内在的裂变方式和演进机理、全新的组织模式和治理结构，都是值得学界关注和热议的研究话题。

第二篇

从"价值创造"到"价值共创":
平台价值共创机制探索

基于web2.0的交互性及开放性特征,顾客参与为核心的"产消合一"行为进一步为平台发展及平台品牌价值研究注入新的活力,并随着SNS社交网络平台及社会化电商的发展,顾客产消行为成为学界及业界关注的焦点。明确其参与过程中的价值共创有其必要的理论及现实意义。且Web2.0为消费者敞开了发表个人意见和观点的广阔平台,明确互联网用户信息的产消的动机及发展机理不仅能够为企业优化其商业模式,探索价值共创路径提供科学决策依据;同时能够为平台发展增强用户黏性,提升平台流量继而提升平台品牌在同质化竞争中的优势,为平台品牌发展提供战略指导,这对构筑共享经济研究的全新范式和理论框架将具有极大助益。

目前有关共享经济的研究多侧重于内涵、动机、竞争、可持续性、社会福祉和监管的讨论。共享经济的创新之处在于它不发生在亲属之间或社区之间，而是陌生人交换货物和服务的一种市场形式，实践中，有不少企业对于消费者互动形成的新型营销模式进行了探索。其中，基于社交平台的社群营销成为企业借助粉丝效应和口碑效应转变营销模式的重要突破口。部分企业还将具有营销营销力的消费者作为引流和促进交易的"媒介"，通过消费者互动来强化消费体验、品牌认知和品牌忠诚（Bruhn 等，2014）。

对于以产消为主要生产方式的平台而言，其研究多基于服务主导逻辑展开，但具体的研究仍然停留在概念描述、产消者契合的案例研究和一般性共创价值的探讨层面，缺乏清晰的理论架构，可操作化的关键构念，以及确定性的实证研究结论。

目前的产消研究虽然涉及产消者参与品牌共创，仍对顾客、品牌和其他利益相关者通过互动共同创造品牌价值这一过程的研究尚不明晰，并且尚未结合网络信息消费中的"产消合一"行为特征去分析平台型企业品牌绩效提升的方式有待进一步明确（沈蕾，2016）。服务主导逻辑的提出和流行标志着价值创造从传统思路转向共同创造的逻辑，其中利益相关者内生于价值创造过程，企业仅仅提出价值主张，利益相关者在关系式的价值创造协同过程中为同一使命而共同工作。基于用户体验及用户参与动机的研究同样对其顾客的产消互动的分析及价值创造过程具有重要影响，这意味着，"产消"是Web2.0环境下共享经济的网络平台的天生属性，是基于产消活动的共享经济下平台价值共创的核心关键环节。

在理清了"产消行为"的内涵、特征、类型及其形成机制，理清了产消价值的来源及其作用机制之后，本篇将重点探索产消主导下平台品牌价值共创机制问题。

第4章　关于价值共创的理论回顾

4.1　价值、共创与价值共创

　　一直以来，价值创造都是企业战略关注的核心问题，价值创造主体的变化导致了对价值创造方式的不同认识。随着营销实践的发展和研究的深入，越来越多的学者们发现企业并不是价值的唯一创造者，消费者也不再是纯粹的价值消耗者，而是与生产者互动的价值共创者。"价值共创"这一概念自提出以来，对企业的营销理念、经营战略以及消费者行为研究等都产生了巨大的冲击。

　　近年来数字技术的不断进步带动了平台的发展，通过降低沟通、中介、集成等主体间交互的成本以赋予用户参与价值创造的强大能力。而平台的发展，也使得价值共创成为研究热词，受到学术界越来越多的关注。

4.1.1　价值（Value）

　　"价值"一直被视为营销学的核心概念，为顾客提供价值是企业所有营销活动的基础，也是企业经营的根本目标。学界普遍认为，在市场营销领域，价值可以从两个角度来解读，它们分别是消费者感知到的价值和公司所拥有的消费者的价值（Smith and Colgate, 2007；Grönroos, 2011；Gupta and Lehmann, 2003），后者作为一种可以在组织中再投资的财务价值，以及作为增强对将导致效率过程的了解而被传达（Morgan, 2012）。

企业价值来源于：构建一个用户群，使其参与产品开发的流程，以降低风险和减少开发成本（Ramaswamy & Gouillart, 2010；Hoyer, 2010），通过这样做还可以提高公司的股票价值（这常见于风险投资支持企业）（Gupta and Mela 2008）；或是来自传统销售，等等。

虽然企业价值通常以某种短期或长期的财务利益来描述，但消费者价值的概念是多样的，没有一个明确的定义（Woodall, 2003；Gronroos, 2011）。Holbrook（1996）将价值定义为"交互的相对偏好体验"，即定义了对用户有价值的是用户体验而非购买行为。Jonathan Schroeder（2011）等提出了一种基于三个维度的客户价值类型：外在 vs 内在，自我 vs 其他导向，主动 vs 被动。这三种二分法的结合产生了八种不同的价值类型，它们在任何消费体验中都有不同程度的结合。Vargo 等（2006）在他们的服务主导（S-D）逻辑中指出，价值始终是唯一的，由受益人决定的，并且是由参与者相互作用来整合资源的。

在共创范式框架中，价值被描述为具有主观性的基于和"…个性化体验互动的结果"的函数（Ramaswamy ozcan, 2014）以及依赖于意义、参与者、环境和个体所处的境遇。价值的结果可以具有功利的或享乐的特性，是成本/收益的权衡，以及/或者是手段/目的的动机（Leavy, 2013）。虽然对价值的定义不同，但 Ramaswamy 和 ozcan（2014）的定义与 Holbrook（1999）定义的价值有很多相同之处，即视交互为价值的轨迹。"交互"的概念指的是一个人拥有一个参与平台的消费和交流过程的数组。然而，霍尔布鲁克（1996；2002）专注于消费者价值，而 Ramaswamy 和 ozcan（2014）将他们的关注点延伸到消费者价值之外，包括所有类型的利益相关者（客户、消费者、雇员、供应商、融资者，以及其他），以及企业所嵌入的网络。这是因为 Ramaswamy 和 ozcan（2014）认为所有的利益相关者都需要参与影响他们的价值。

4.1.2 共创（Co-creation）

Ramaswamy（2004）提出，共创是一种管理的主动性，也可以将其看作是一种经济战略的形式，它将不同的主体，如一个公司和一组消费者聚集在一起，共同产生一个有价值的结果。共创带来了参与这一过程的消费者的独特创意（他们不是产品的直接用户），反过来又给组织带来了很多新的想法。共创的价值以个性化的、独特的用户体验（使用价值）和持续的收入、学习和增强了的公司的市场表现驱动力（忠诚、关系、用户口碑）的形式出现。

在 Prahalad 和 Ramaswamy 的研究中，他们将共创定义为"公司和顾客共同创造价值"；允许客户共同构建服务体验以适应他们的环境（Prahalad & Ramaswamy，2004）。

4.1.3 价值共创（Value co-creation）

有关价值共创的现有研究主要是从两个层面来分析的：狭义的价值共创是指发生在企业与顾客直接交互过程中的使用价值的共创；广义的价值共创不仅发生在直接交互的过程中，也包括顾客与企业在研发、设计、生产和消费等全过程的价值创造，通过直接或间接的互动与合作共同创造价值。

在 Ramaswamy 和 ozcan（2014）看来，"价值创造机会"指的是从参与平台创建中可获得的丰富经验。"资源"是指涉众社区和网络（Ramaswamy 和 ozcan，2013）所包含的能力。换句话说，参与平台是内部和外部利益相关者和公司以及企业网络资源之间相互作用的推动因素，只有在企业生态系统（Ramaswamy 和 ozcan，2014）的更大背景下，它才有意义。因此，在 Ramaswamy 和 ozcan（2014）的视图中，参与平台是进行价值共创的先决条件之一。

随着价值共创思想的萌芽，越来越多的顾客参与到创造价值的过程中，企业和顾客在价值创造中的角色也在逐渐发生变化。此外，价值创造的主体内涵也在不断拓展。通过对国内外相关文献的梳理,可以发现价值共创的研究视角在不断地演变和发展。

价值共创的早期思想萌芽于共同生产,正式开始于顾客体验视角,发展于服务主导逻辑和顾客主导逻辑。从文献发表年限上来看,学者们对价值共创的研究热潮开始于 2000 年后。

而后随着平台的发展,学者们在早期服务主导逻辑的基础上进行了拓展,开辟了服务生态系统视角。各视角之间相互联系和影响,为学者们研究当前复杂环境下的价值共创问题提供了理论指导。归纳起来,价值共创理论经历了如下五个阶段。

4.2 价值共创理论及演变路径

4.2.1 早期的价值共创思想

价值共创思想最早提出是在 19 世纪,主要出现在服务经济学研究文献中。Storch(1823)在研究服务业对经济的贡献时曾经指出"服务过程需要生产者和消费者之间的合作",这暗含了服务结果和服务价值的创造由生产者和消费者共同决定的思想(Ramirez,1999)。20 世纪 60 年代,消费者生产理论作为经济学的一个理论分支,突破了消费者对价值创造贡献仅局限于服务经济领域的观点,以经济学的方式阐述了消费者的价值创造作用。

消费者生产理论认为,厂商提供给消费者的任何产品,都不能直接满足消费者的需要,消费者的需要是通过消费者自己利用生产者提供的产品或服务,以及利用消费者自己的时间、知识和能力等"消费资本"来创造能够满足自己所需要的价值。生产者在这一过程中的首要任务就是帮助消费者完成他们的"生产过程",生产者在消费者生产过程中所起作用的大小和独特性直接决定生产者的竞争优势和利润(Becker,1965)。

在消费者生产理论中，消费者已经扮演了价值创造者的角色，但消费者的生产过程是建立在生产者提供物的基础上的，且生产者与消费者之间存在互动。从这个角度讲，价值是由生产者与消费者共同创造的。

早期的价值共创思想表明，在价值创造过程中，消费者具有一定的生产性，他们以自己的特定方式与生产者进行合作，并对服务效率和价值创造产生影响。

4.2.2 基于顾客体验的价值共创

Wikström（1996）指出企业和顾客互动意味着顾客参与企业主导的生产过程，企业参与顾客主导的活动和产品消费过程，顾客的消费体验可看作是一个生产过程，顾客自己完成价值创造过程中最后的和关键的活动。Lengnick-Hall（1996）从顾客导向出发，强调顾客对竞争质量的贡献，顾客参与"投入—转换—产出"系统过程中呈现五个角色，价值转换系统的最终结果将根据顾客的行为和具体条件而改变，直到顾客使用产品或服务并且形成最终结果后，企业产品的工作才结束。Lengnick-Hall（1996）和Wikström（1996）都强调了顾客消费体验是价值创造的关键，使顾客在价值共创中的主体地位凸显，这与Prahalad和Ramaswamy（2000，2004）的研究提出的共创个性化体验概念相似。

Prahalad和Ramaswamy两位学者有关价值共创的基本观点可概括为两点，一是共同创造消费体验是消费者与企业共创价值的核心，二是价值网络成员间的互动是价值共创的基本实现方式。

Prahalad和Ramaswamy眼中的价值共创，是生产者和消费者作为对等的主体共同为自己和对方创造价值的过程，两者在价值共创过程中通过持续的对话和互动共同建构个性化的服务体验、共同确定和解决需要解决的问题。因此，价值共创贯穿于企业与消费者互动和消费体验形成的整个过程。

4.2.3 基于服务主导逻辑的价值共创

2004年，Vargo和Lusch提出了著名的"服务主导逻辑"，"服务是一切经济交换的根本基础"是服务主导逻辑的核心思想之一。在 Vargo 和 Lusch 看来,所有的经济交换,就其实质而言,都是"服务对服务"的经济交换,而所有的经济都是服务经济。在服务主导逻辑下,服务成为交换的普遍形式,而不是特定形式(Payne,2008),价值共创正是建立在服务普遍性的基础上的。从市场的宏观层面看,产品的主导地位被服务所替代,市场主体间通过互相服务为自己和对方创造利益,整个经济的基础就是行为主体以服务为中介相互创造价值。

"消费者是价值的共同创造者"是服务主导逻辑的另一核心观点。服务主导逻辑强调操纵性资源在价值创造过程中发挥的决定性作用,认为"操纵性资源是竞争优势的根本来源"。操纵性资源是作用于对象性资源的资源,具体而言,知识、技能、经验等无形资源都属于操纵性资源。根据服务主导逻辑,消费者是操纵性资源的拥有者,他们把自己的知识、技能、经验等投入价值创造过程,这是价值共创的一个重要前提。

在服务主导逻辑下共同创造的价值并不是"交换价值",而是消费者在消费过程中实现的"使用价值"。使用价值是消费者在使用产品和消费服务的过程中通过与生产者的互动共同创造的价值。对于消费者来说,价值形成是与消费情境和消费需求相关的个性化创造过程;生产者努力使自己置身于消费者的使用情境,为消费者共同创造价值提供便利和帮助,并与消费者合作、交互性地创造价值。可见,在服务主导逻辑下,价值的共同创造过程发生在消费者使用、消费产品或服务之时,共创价值是生产者通过提供产品及服务与消费者通过消费产品及服务共同创造的价值的总和(Payne,2008)。

4.2.4 基于顾客主导逻辑的价值共创

尽管服务主导逻辑强调顾客是价值的共同创造者,但是 Strandvik 和 Heinonen 等认为服务主导逻辑仍旧是企业为主导的逻辑。

服务主导逻辑强调以知识、技能和经验为代表的操纵性资源在价值创造过程中发挥着决定性作用,而操纵性资源完全掌握在顾客手中,顾客的知识、技能决定着价值共创的方式,因此有些学者进一步提出,不仅价值由顾客决定,而且价值的创造也由顾客掌控,企业在价值共创过程中只起支持作用,企业考虑问题的角度不应是自己的产品和服务具有何种功能,而应该是顾客利用这些产品和服务能够满足自身哪些多样化的需求。因而 Heinonen 等在服务主导逻辑基础上又提出了顾客主导逻辑。

顾客主导逻辑认为,顾客通过企业提供的产品或服务,并结合自身可利用的其他资源,通过日常生活实践改变产品或服务固有功能和用途,满足特定情境下的需求,为自己创造价值;企业营销的焦点不应只关注顾客如何参与到企业的价值创造中,而是企业应努力参与到顾客的生活中去,把顾客置于中心位置。

顾客主导逻辑下的共创价值是一种情境价值,企业的目标导向也由"为顾客提供产品或服务"转变为"顾客如何利用产品或服务实现自己的目的",企业生产、营销的重点是顾客的消费实践、消费体验和消费情境。

4.2.5 服务主导逻辑的拓展－基于服务生态系统的价值共创

服务生态系统视角基于服务主导逻辑的拓展,在当前基于大数据的网络环境下,成为价值共创的重要研究视角。

Vargo 和 Lusch（2010）提出服务生态系统视角超越了服务科学视角下服务系统和服务系统之间的互动范畴,强调复杂网络系统下的资源互动,在服务生态系统中供应商和受益人、生产者和顾客等所有要素的区别都将消失,并将服务生态系统定义为:不同的社会和经济行动主体基于自发感知和响应,根据各自的价值主张,通过制度、技术和语言为共同生产、提供服务和共同创造价值而互动的松散耦合的时空结构。

Vargo 和 Lusch（2011）指出服务生态系统以 actor toactor（A2A）为导向的资源整合和服务提供的互动而共创价值,强调制度或社会规范（Williamson,2000）是价值共创和服务系统的核心推动力。

综合来看,以上学者的研究从动态、网络和系统导向的视角研究价值创

41

造，突出服务生态系统是 A2A 导向的松散耦合时空结构，强调资源整合、服务提供的互动和制度在价值共创中的重要性，奠定了服务生态系统价值共创的理论基础。Chandler 和 Vargo（2011）提出通过微观、中观和宏观三个层次的互动实现价值创造，奠定了服务生态系统价值共创的结构基础。微观层是个体的二元结构和活动，企业和顾客是核心；中观层是中等范围结构和活动，关注组织、产业和品牌社群；宏观层是广泛的社会结构和活动，关注整个社会参与者，三个层次结构和活动不固定和绝对独立，相关层次的互动会随着时间而演进和变化。

第5章 平台品牌价值共创的概念模型的提出

5.1 平台相关研究

5.1.1 平台的发展演进及内涵

根据牛津英语词典,"Platform"(平台)一词从16世纪初便开始被人们广泛使用,即指能够使人站立或摆放物品的具有一定高度的表面,通常是一个用于一个特定活动或操作的独立结构。此时的平台(Platform)是表达一个具体的、实在的东西。然而直到1574年,平台一词才开始被赋予抽象的含义并被引进牛津英语词典,其内涵拓展到了"一种设计,一种理念,一种观点,或者某些被设定唯模式或模型的抽象思维框架"(Gawer,2009)。近十年来,管理学者们对平台进行了系统的研究,主要聚焦于组织型平台(Organizational Platforms)、产品平台(Product platforms)、市场中介平台(Market Intermediary Platforms)和平台生态圈(Platform Ecosystems)四次研究浪潮。

第一次研究浪潮中,学者们聚焦于组织型平台的研究,也称公司型平台。这类平台能够将组织(公司)资源和潜能结合起来以迅速适应新环境下组织（公司）的发展需求并灵活抓住潜在的发展机会（Thomas 等 2014）。这个阶段的平台侧重战略技术性。Ciborra（2009）提出了代表性观点，认为组织（公司）型平台就是有能力将资源和能力重构以应对商业机会和挑战的组织（公司）。此时平台产品研发的学者们第一次使用了"平台"这一术语用于描述为某一特定公司创造新一代产品或研发一个系列产品的项目。Gawer 和 Cusumano（2002）提出运用技术战略发展平台是成为平台领导者的技术策略。技术战略家们将平台认定为一个产业中的有价值的控点，对平台的研究侧重于技术战略角度，尤其是价格战略。

第二次研究浪潮中聚焦于产品平台。此时的平台在产品研发中占据了重要地位，融合在每一个核心产品及其各类衍生产品的市场中。Meyer 和 Lehnerd（1997）在其书中详细阐述了产品平台的力量及构建该平台的价值和成本优势。他们认为这时对平台的研究主要聚焦于单一的产品和系列产品平台领域。Robertson 和 Ulrich（1998）提出的产品平台的定义是被大众广为接受和最具影响力的概念界定。即产品平台是由一系列产品构成的资产合集，包括产品组成成分、产品制作程序、产品知识产权（intellectual property）、生产人员以及这些组成部分之间的相互关系。Eisenmann，Parker 和 Van Alstyne（2006）认为管理平台是一个棘手的问题：传统市场中产品成功的策略在双边市场行不通。而最关键的挑战是给出合理的价格策略。这个价格指对一类用户群体的补贴，同时向另一个用户群体收取额外费用以实现均衡。Simpson（2006）等阐述了产品平台（Product Platform）的构建和产品系列（product family）建立、销售及未来发展的联系。

第三次研究浪潮聚焦市场中介平台，也被后来的学者成为双边（多边）市场平台。这一阶段学者们对平台的研究都是从经济学角度出发，并紧密联系双边（或多边）市场理论（two-sided markets & muti-sided markets）、网络外部性理论（Network Effects）。Armstrong（1989）强调许多市场中的交易双方都是通过平台进行交互，其中一方加入平台后收益的多少取决于加入这个平台的另一方的规模大小。Bernard. Caillaud 和 Bruno. Jullien（2003）在网络外部性对平台的影响性研究方面做出了开创性的贡献，提出了著名的"鸡蛋相生"问题。第三方平台作为一个中介组织，为了吸引更多的买家，需要提供大量注册的卖家；但卖家愿意在第三方平台（即该中介组织）注册售卖的理由是这个平台上有足够多的买家。Jean-Charles. Rochet 和 Jean. Tirole（2004）也进一步论证了"鸡蛋相生"问题中双边市场理论所占据的重要地位。他们对双边（或多边）市场的界定是双边（或更广泛的多边）市场大致被定义为使一个或多个平台方能够让平台终端用户之间进行交互，并通过适当地向每一方收费努力让双方（或多方）入驻平台或者长期使用平台的市场。Parker 和 Van Alstyne（2005）将平台看成是连接双边市场（信息产品提供商和用户）的连接中介。

第四次研究浪潮中，平台被看成是一个基于技术的商业系统中的控制中心（Ceccagnoli, Forman, Huang, & Wu, 2011; Cusumano & Gawer, 2003; Gawer & Cusumano, 2008）。平台演进至此，主要是对产品平台和市场中介平台两个阶段的进一步深入完善。Cusumano 和 Gawer（2002）最早提出平台生态圈（Platform Ecosystem）这一名词，并在此后（2003, 2013）逐步对平台生态圈的内涵加以完善。Gawer 和 Cusumano（2013）认为，日益增长的网络访问用户能够为平台带来持续的互补和创新。此时，越来越多的公司和用户同时也是全新的平台用户和创新补充者便会有更强大的动机去使用这一平台，并加入此生态系统。但是，学术界至今尚未对平台生态圈的概念有一个严谨的界定，因为平台生态圈不同于产品平台和市场中介平台有一个明确的边界，并且由于整合了产品平台和市场中介平台使得其概念变得更为复杂。Thomas（2014）认为总的来说，平台代表了在一个产品或服务系统中产品系列模块化、标准化和差异化的发展逻辑相较于在产品内生的或供应链体系中更广泛的应用。

国内学者也在近年来开始关注平台的发展及其演变。孟丁（2013）从产业组织发展角度提出，任何一家企业要想获得生存和发展，就必须与经销商、供应商及相关合作企业进行良好有效的合作。平台进化演变的过程是企业顺应时代发展生存下来的必然要求。平台型企业是新经济时代一种重要的产业组织现象。李雷（2016）认为平台企业在网络环境下发生了深刻的变革，必须以平台生态圈的实际规模、期望规模及时间为参数，及时构建平台生态圈生命周期曲线，为平台企业制定运营策略提供依据。白景坤等（2017）从自组织理论的视角对平台企业的演变过程提出了新的观点。他以淘宝网为例，通过对构成平台企业网络的企业的功能变化、网络参与主体（主要指中小企业）内部关系的变化和平台企业网络自组织状态的变化之间关系的分析，刻画平台企业网络自组织形成机理。可见，平台的发展演变随着时间的推移和市场经济模式的转变已经发生了很大的变化。

当前的平台研究，通识的理解上仍然是第四次平台研究浪潮的延续。本课题的研究主体聚焦于平台，即平台生态圈（后文统称为平台）。所谓平台，就是指围绕某个核心模块的产品、服务或技术系统，平台就是该系统的核心模块。平台提供了系统的基本功能，并定义了入驻平台的规则，从而方便相关方参与、使用与扩展平台。其次，平台（生态圈）是围绕核心企业的一种跨企业组织形式。平台生态系统往往包含了大量企业，跨越了产业的界限。作为核心的平台企业为平台（生态圈）中的其他企业提供了公共资源与能力，比如信息技术、金融、营销、物流等。此外，平台企业主导提供了平台生态圈的治理机制，以有效平衡企业自治与平台对用户的治理（Gawer 和 Cusumano，2008；Gawer，2014；Suarez，2013；Wareham，Fox 和 Cano，2014）。

5.1.2 平台的类型及特征

现有的平台研究分散于不同的学科之中，所研究的平台也并不完全相同。因此，也鲜有学者对平台的类型和特征进行系统的归纳总结。本研究在系统阅读前人文献的基础上，归纳总结了发展至今较为普遍的三种平台类型及其特征，并进一步明确了本课题的研究主体。

第一类是早期以供给侧为主导的创新型平台，即早期的产品平台（如早

<<< 第二篇 从"价值创造"到"价值共创":平台价值共创机制探索

期的电脑操作系统)。研究企业绩效(Business Performance)的学者,基于商业竞争和技术驱动的视角将平台视为产品(系列)平台或创新型平台(CECCAGNOLI 等,2011;LI Y,2009),以平台供给方提供产品和服务为主。这类型平台的主要功能是快速组织并重新组合资源与能力以对变动的需求和新的机遇做出灵活的响应,尤其是产品技术的提升和衍生产品的开发(Wareham & Fox & Cano Giner 2014;Winter,2003)。经济领域的学者认为这一类型平台的中心目标是驱动创新型和互补型的经济效益,从而加速新产品和服务的价值创造(Boudreau,2012;Meyer & Lehnerd,1997;Nambisan & Sawhney,2011;Wheelwright & Clark,1992)。这一时期,平台具有功能互补性特征。供给方入驻平台后,大量第三方组件拓展,在平台提供的基础设施和用户资源的基础上,第三方开发商(平台供给方)相互之间分享和整合技术资源,实现产品和技术的互补,从而大大降低开发与生产新产品的成本(Gawer,2014)。这种同时生产两种或两种以上商品的成本要小于分别生产这些商品的成本就是以供给侧为主导的创新型平台的范围经济(Panzar 和Willig,1981)。而供给侧主导下的平台必然表现出显著的价值创造来源于平台供给方的特征。此时的消费者(平台需求方)仍停留在传统的购买消费阶段。平台供给方通过平台降低了生产与创新的成本,加速了不同组件的扩散,提高了消费者效用(Clements & Ohashi,2005;Corts & Lederman,2009)。

第二类是过渡阶段兼顾需求侧但仍以供给侧为主导的交易型平台,发展演变自市场中介平台(如淘宝)。和传统的生产与消费双边经济模式不同,过渡阶段的交易型平台即一代交易型平台是指连接了两个或多个特定群体,通过产消协同等一系列机制不断激发正向的网络效应促进消费者需求并从中获益的平台经济模式(Ritzer 等,2012;Shriver 等,2013)。一代交易型平台的主要功能是促进供给与需求的匹配,平台交易双方同时给平台带来成本与收益(Eisenmann&Parker,2006)。交叉网络外部性不仅是一代交易型平台发挥其中介作用的基础,也是这一时期的突出特征。交叉网络外部性主要是

47

指，一边用户所获得的效用受另一边用户接入规模的影响（Cennamo 和 Santalo，2013）。需求方选择某个交易平台，决定因素之一是平台上供给方的数量与质量；供给方选择某个交易平台，决定因素之一是平台上需求方的数量与质量（Bhargava & Choudhary，2004）。在 web2.0 时代下，交易型平台大大提高了交易可能性，消费者（平台需求方）开始参与平台的价值创造这一特征也开始凸显。平台作为交易的中介通过供应商及需求方的连接机制实现运作（Gawer，2009），通过降低参与者（供给方与需求方）的搜索成本或交易成本（或两者）创造巨大的价值（Hagiu，2014）。平台为交易双方提供的信息将减少买卖双方的信息不对称，提高平台的交易效率和价值创造能力。

第三类是以需求侧为主导的社区型平台（如 Facebook）。社区型平台不同于线下的社交网络，它是人为设计的产物，在共享经济背景下利用互联网促进平台用户的交流、互动与内容分享（Cusumano，2011）。社区型平台的设计目的根据用户的不同需求而定，其设计中采用的技术框架也不相同（Kane 等 2014），譬如豆瓣、微博、知乎等社区型平台，其用户需求均有较大差异。社区型平台的最大特征是用户创造内容（User Generated Content）。平台用户可以自己制作并上传内容，也可以浏览平台（其他平台用户生成的内容）获取信息，是一个双向的输入输出过程。如同企业所提供的产品或服务能够满足消费者效用一样，消费者之间互动的社区也能满足消费者效用，且不同的社区型平台能够满足用户不同的效用（Kietzmann 等 2011）。社区型平台的另一个特征是其价值创造的基础是消费者参与和互动。平台用户之间的参与和互动相当于消费者的自反馈机制，社区型平台根据用户反馈能够进一步改进平台架构和运行机制，激发其用户锁定产品进而锁定用户群体（Witt，1997）。在锁定用户的过程中，提高用户参与及用户契合过程中价值共创的可能性（Farrell & Klemperper，2007）。社区型平台中用户参与程度的不同给用户带去的效用和给平台创造的效用都有所不同，优质的用户创造内容能够为平台创造巨大的价值（oestreichersinger & Zalmanson，2013）。

<<< 第二篇　从"价值创造"到"价值共创"：平台价值共创机制探索

5.2　Web2.0下的平台品牌价值

　　Web2.0下品牌管理更侧重于塑造消费者的认知和行为（Zeithaml，1988；Kotler，1994；Yoo et al，2000），和管理品牌的形象和意义（Park et al，1986）。基于价值链视角（Karababa and Kjeldgaard，2014）的这种企业控制的品牌管理方法（Osborne and Ballantyne，2012）在当前社会文化环境中日益受到挑战，而提及更多的是基于多个利益相关者的品牌管理（Christensen et al，2005）。王彦亮（2012）认为品牌是一种满足人们心里消费需要的特殊的使用价值，这种使用价值是一种非功能性的"虚拟使用价值"。何佳讯（2017）指出品牌是一个资源连接器（Hub），品牌是整合所用的相关资源来做平台。不仅企业做平台品牌（例如淘宝、京东、亚马逊等），产品也做平台品牌（例如360杀毒软件、苹果手机、微信）。平台品牌具有跨市场的"网络效应"，规模较大的网络使得平台中的供给和需求有了更好的匹配性，越大的规模产生越多的价值，从而吸引更多的使用者，形成品牌生态圈。一般而言，价值是多个参与者共同创造的，平台品牌价值也可以被许多参与者共同创造（Merz等，2009；Ramaswamy & Ozcan，2016）。正如Ramaswamy和ozcan所强调的那样，现在越来越多地将品牌视为企业和所有利益相关者的协作价值创造活动，品牌价值作为所有利益相关者感知价值的集体衡量标准。张燚等（2010）提出了利益相关者价值理论，由于受"物理"视角的长期影响，人们已习惯于把品牌关系当作品牌-顾客关系而对品牌理论与方法进行研究，但随着网络经济的发展，基于物理视角下的品牌关系理论的思维缺陷已经严重束缚了企业品牌塑造实践。而平台品牌价值考虑了多种网络关系，而不仅仅是消费者-品牌关系。根据这一观点和不断演变的品牌逻辑（Merz等，2009），本研究把平台品牌价值定义为由所有参与者通过多种网络关系共同创造和共同决定的品牌的感知使用价值（Michael A. Merza

等，2018）。

Web2.0下品牌价值评估体系大多是基于消费者的品牌价值（CBBE）的观点对网站品牌价值进行评估。Page 和 Lepkowska - White 较早提出了网站权益（web equity）的概念，借助 Keller 的 CBBE 模型，他们提出一个综合了网站顾客的网站认知和网站形象的概念框架，这是一种典型的基于消费者的品牌价值概念化方式。他们将访问者与沟通传播、网站设计、供应商特征和产品/服务特征作为网站品牌价值的要素。金立印从更为普遍意义的角度讨论了国内网站品牌价值的形成机制，同样基于 CBBE 的观点，他从顾客角度对品牌权益进行了测量，并把网站内容和体验等因素作为分析视角，提出品牌体验、感知质量、品牌吸引力、品牌关系和品牌忠诚的平台品牌价值模型，把网站资源、网站设计、网站服务和双向互动作为品牌权益的影响因素。但是平台的互动性和开放性等特征不同于网站，因此，构建 Web2.0 下的平台品牌价值体系是很有理论意义和实践意义的。

5.3 平台品牌价值共创理论基础

品牌价值共创是一个较新的概念，引起管理学界的广泛关注也只是近五年的事。品牌价值共创的理论基础与价值共创的理论基础具有相似性。目前主要有三种品牌价值共创观点，我们可以把它们看作是平台品牌价值共创理论的三个不同分支。一是由 Prahalad 和 Ramaswamy 提出的基于消费者体验视角的平台品牌价值共创理论，另一是由 Vargo 和 Lusch 提出的基于服务主导逻辑的平台品牌价值共创理论，第三个是由 Ramaswamya 和 ozcanb 提出的基于品牌生态圈的平台品牌价值共创理论。

5.3.1 基于消费者体验视角的平台品牌价值共创理论

顾客体验的品牌价值共创认为顾客消费和使用阶段是价值创造的最后和

关键活动，顾客参与价值的定义和创造，共创体验成为价值的基础，顾客和企业互动是价值共创的核心（Prahalad & Ramaswamy，2000，2004）。价值的创造方式从以企业为中心向以消费者体验为中心转移。价值是联合企业和消费者共同创造的，两者之间不再是分离的关系，他们共同定义"问题"和解决"问题"。价值共创的基础就是消费者体验，两者之间的互动成为价值创造的焦点，价值共创就是企业和消费者持续地对话、共创体验的过程，创新体验环境是企业获取价值和竞争优势的来源。共创体验高度依赖个体，个体的特性将会影响共同创造的过程和共创体验。其次，企业与顾客互动是共同创造价值的基本方式，价值共创通过顾客和企业之间的异质互动而形成，因此，价值共创是超越传统供需关系中介的顾客和企业的互动与合作。Chan 等的一项研究，从顾客和服务员工双方角度，基于不同的文化背景，实证检验了顾客参与在价值创造过程中发挥的作用。价值共创文献（Galvagno 和 Dalli，2014）中消费者体验对品牌建设的影响（Ramaswamy，2011）也得到了认可。正如 Prahalad 和 Ramaswamy（2004a）指出的那样，通过顾客体验共同创造品牌价值对品牌管理具有重要意义。

5.3.2 基于服务主导逻辑的平台品牌价值共创理论

不同于价值共创，品牌价值共创的另一个主要流派是服务主导逻辑（Vargo & Lusch，2004）。商品主导逻辑（G-D）（Goods-Dominant）将"生产者"视为价值的创造者，将"消费者"视为价值的使用者（和驱逐者）。价值不再定义为交换价值，而是消费者消费过程中的使用价值，交换价值是一种企业控制的单向价值传递，而使用价值来源于使用者的使用情景和过程。就像 Vargo 和 Lusch（2004a）认为营销正在从商品主导逻辑（Goods-Dominant）（G-D）逻辑演进到服务主导逻辑（S-D）（Service-Dominant）一样，Vargo & Merz 认为品牌也在不断发展，这种新兴的品牌逻辑体现在 S-D 逻辑上。S-D 逻辑将生产者和消费者视为共同创造价值的"资源整合者"。消费者不再视为是对象性资源，而是操作性资源，消费者所拥有的知识、技能等都属于操作性资源。通过活动中的资源整合，比如关系建设，沟通和客户知识改进等，实现价值创造（Ballantyne & Varey，2006）。另一些学者则认为在价值的共创中，消费者是价值创造主导者，企业是价值创造的支持者（例如 Grönroos，2006a，2006b）。在品牌价值创造中，企业为消费者提供价值创造的环境，消费者在品牌社区中通过互动创造价值。

5.3.3 基于品牌生态圈的平台品牌价值共创理论

随着网络经济的发展，商业社会已进入一个以共同进化为显著特征的商业生态系统时代（Moore，1996），品牌管理的层次已逐步扩展到生态圈疆域（Kotler & Keller，2011），生态协同与进化已经成为高层次、激烈竞争的基础、前提和常态（张燚等，2013）。未来企业之间的竞争将由"商业模式之间的竞争"上升到"生态圈之间的竞争"（江远涛，2016）。Winkler（1999）在其著作《快速建立品牌：新经济时代的品牌策略》中正式提出和系统探讨了"品牌生态系统"的概念和管理问题，并指出品牌生态环境是一个复杂的、充满活力的、不断变化的有机组织。Venkat Ramaswamya 和 Kerimcan ozcanb（2016）认为品牌生态圈是一个多途径的学习引擎，促进利益相关者社区之间的对话。品牌生态圈研究是基于个体品牌成长起来的闭环开放生态系统。对于更普遍意义上的品牌圈，则是由品牌与品牌产品、品牌拥有企业、企业股东、供应商、最终顾客、中间商、竞争者、金融机构、大众媒体、政府、社会公众、相关企业，以及品牌生态环境等所组成的人工生态圈（张燚等，2013），并提出了以公司品牌为核心，以环境为外沿，包含公司内部职能与成员、各种流、消费者、竞争者、其他利益相关者等在内呈层次状的生态型品牌关系框架（张燚、张锐，2005）。因此，这个时代有助于人们认识到，品牌价值不仅是通过企业与个人客户之间的孤立，而是二元关系共同创造的，它是通过所有利益相关者构成的品牌生态圈之间的网络关系和社会互动共同创造的（Iansiti & Levien，2004）。

5.4 平台品牌价值共创的影响因素

我们从平台品牌价值共创的角度出发,通过社会支持、顾客互动、平台任务－技术匹配性和多边市场主体协作的视角探讨平台品牌价值共创的影响因素。

5.4.1 社会支持

社会支持被定义为"人们认为可以获得的社会资源,或者是由非专业人士在正式支持团体和非正式帮助关系的背景下为他们提供的社会资源"（Gottlieb & Bergen, 2010, pp512）。社会支持的概念来源于社会支持理论。这个理论解释了社会关系如何影响个人的认知,情绪和行为（Lakey & Cohen, 2000）。在社会商业的背景下,社会支持可以是情感的或信息的。情绪支持被定义为"提供涉及情感关注的信息,如关心,理解或移情"（Liang, Ho, Li, Turban, 2011, pp72）。信息支持是指"提供可能有助于解决问题的建议,建议或知识形式的信息"（Liang et al, 2011, pp72）,信息支持是社会关系网络构建的核心组成部分。近年来,社会支持被广泛应用于品牌社区的用户内容创建行为,吴菊华等（2016）基于社会支持理论,构建品牌社区中用户内容创建行为与价值共创体验的关系模型。陈君和何梦婷（2016）从社会关系视角研究网络口碑传播的发生路径,揭示社交平台网络口碑传播的内在机理。

5.4.2 顾客互动

交互性是平台的一个重要特征。交互性可以根据特征,感知和过程方法进行分类（McMillan & Hwang, 2002）。Mina Tajvidi 等人（2017）采用流程方法将社交电商中的交互性分为两个方面:（1）消费者－消费者互动;（2）消费者－卖方互动。其中每一个代表一个独特的互动角度,这些角度相结合反映了社交电商环境中的客户互动的整体画面。王永贵等（2013）将互动分为产品内容互动，人机互动和人际关系互动。本研究认为平台交互性的分类更倾向于 Mina Tajvidi 等人的观点，将其分为消费者之间的互动和消费者与服务提供商的互动。

消费者之间的互动是通过连通性来体现的，连通性是指"用户可以通过在线社区、公告板、新闻组、在线聊天室分享共同兴趣和交流有用信息"（Lee，2005，pp167）。在社交电商中，消费者生成可供其他消费者公开使用的视频，讨论表单，帖子，数字图像，音频文件，评级，引荐和推荐等内容。这些用户生成的内容使消费者获得更多的产品信息和知识，并为他们提供沟通渠道，与其他消费者进行交流和体验，从而增加他们的信心和购买意愿（Han & Windsor，2011）。王永贵等（2013）通过对虚拟品牌社区研究发现，不同的顾客互动（即产品内容互动，人机互动和人际关系互动）对感知效益（包括认知，社会整合，个人整合和情感）有不同的影响。张欣等（2014）通过考虑体验领域的互动，强调了一个互补但差异的理论，这个理论把体验视为"顾客在一次服务中通过与各接触点互动积累知识，或者员工为服务过程提供可视化蓝图"。

消费者和服务提供商之间的互动，也被看作消费者和服务提供商之间的关系质量，它被定义为关系的强度和紧密度（Hennig. Thurau，Gwinner 和 Gremler，2002；Palmatier，Dant，Grewal，& Evans，2006）。关系质量被概念化为由信任、满意度和承诺三个特征组成的多维度概念（Garbarino 和 Johnson，1999；Palmatier 等，2006）。消费者和服务提供商之间建立的关系质量越高，与客户的互动就越积极，从而有助于培养品牌忠诚度。Fournier（1998）在消费品背景下的关系质量模型表明，与消费者的稳健关系可以促进关系的稳定性。此外，Fournier（1998）指出，高度承诺的消费者更有可能致力于促进关系稳定的品牌。陈张蓓、文晓巍（2017）和孙乃娟、李辉（2017）基于关系质量理论，探讨了消费者宽恕意愿，品牌依赖、品牌亲密、品牌承诺和品牌忠诚对消费者宽恕意愿具有不同程度的正向显著影响。

5.4.3 平台任务-技术匹配性

平台品牌价值共创的过程中，必不可少的是消费者对技术的使用。关于人们使用技术的行为研究中，学者们经常借助 TAM 模型（Technology Acceptance Model）考察用户对于技术的感知有用性、感知易用性等变量对于使用意向及使用行为的影响。尽管 TAM 模型的应用广泛，但该模型是基于技术视角的单向模型，没有考虑技术与工作任务之间的互动关系对于技术使用行为的影响。与 TAM 模型不同，Goodhue 提出的任务—技术匹配模型（Task-Technology Fit，TTF）以任务和技术之间的相互关系为出发点，从"匹配"的视角研究用户对于技术的使用行为。这种视角使得 TTF 模型能够从一种于认知成本/收益的效用最大化角度去分析用户对技术的评价，即用户根据工作任务与技术之间的匹配性评估该技术的性价比，从而调整其使用行为。Gebauer 和 Shaw 针对移动拍卖活动进行的案例研究发现，用户最重视的技术功能是通知和简单交易支持功能。在这两方面表现较好的移动拍卖系统，其用户的使用意向更高，也就是说，任务和技术的匹配性越好，用户的使用意向越高。应洪斌等（2012）研究发现，电子商务网站的任务-技术匹配程度越好，用户对于电子商务网站的感知有用性和感知易用性就越高，用户花费在某项技术的学习和使用上的精力越少，用户有更强烈的使用倾向。

5.4.4 多边市场主体协作

多边市场是在双边市场概念基础上发展而成的，是指将两个或两个以上有明显区别但又相互依赖的用户群体集合在一起的市场。多边市场使相关用户相互联动，一方用户的效用与另一方用户的数量紧密相关。平台企业提供了市场的功能，平台表现为多边市场。相比自发形成的市场，平台能够降低多方之间的交易成本，因而成为多方交易的市场。Web2.0 时代消费者角色发生转变，使得市场主体更加多元化。对于需求方，从以前的用户变成了产消者，他们不仅消费产品而且生产内容，并将产消者分为三类：普通产消者、可获利的产消者和自创品牌的产消者。普通产消者他们在消费平台提供的产品/服务后，自己也会发表评论，在社交平台分享心得。可获利的产消者，很多提供优质内容的产消者在经历了前一阶段，也就是普通产消者单纯分享消费心得的阶段后，可能慢慢地积累了一定的人气跟流量。此时，这些更高阶的产消者会通过有偿问答分享心得，而且一些广告商或其他赞助商会找它们为自己的产品做推广。在这种情况下，这些高阶产消者都会得到相应的提成或利益。自创品牌的产消者，有时一些用户在社交平台上进行内容分享的目的并不是单纯地记录消费体验，他们为产品/服务提供改进建议，并借助自己的知识和能力自创品牌，这时他们逐渐成为供给方，他们借助社交平台的粉丝流量也可为自己的品牌打广告。这种多方主体协作使得"单个个人或组织无法单独实现的目标"（Leimeister，2010）但能通过网上的多主体参与和协作实现。市场不同的主体之间在共享知识和资源方面的协作，导致网络平台（在线社区，社交网络，实践网络等）分散的价值共创过程（Monika 和 Aelita，2016）。

5.5 平台品牌价值共创的概念演变

  通过对平台品牌价值共创的相关概念进行梳理，可以看出，平台品牌价值共创深深植根于平台价值共创的概念之中（Prahalad 和 Ramaswamy，2004；Vargo 和 Lusch，2004）。在共同创造过程中，消费者不再是 Web1.0 下的被动的信息接收者，而是 Web2.0 下的掌握品牌生态圈创建内容和参与对话方面的主动权，品牌对于对话的内容，时间和频率没有任何重要的控制（Mangold 和 Faulds，2011），顾客可以从被动的观众转变为与供应商合作的积极的合作伙伴，从而创造价值（Grneroos，1997；Payne 等，2009；Prahalad 和 Ramaswamy，2000，2004；Vargo 和 Lusch，2004）。因此，Web2.0 下平台品牌价值创造过程，既带有显著的传统品牌价值形成机制的特征，同时其

"平台"的特性又决定了其有别于传统品牌塑造的新特性,其核心在于顾客(产消者)互动中的价值共创的过程。

在传统的品牌价值创造过程中,企业和利益相关者在品牌价值创造过程中有着独特的作用。利益相关者对品牌价值创造有利害关系,但是企业将利益相关者主要视为被动的品牌价值创造的接受者。与此相反,在平台品牌价值共创中,利益相关者则扮演着更加积极的角色,作为共同创造品牌价值的一方。虽然学者们对品牌价值共创机制从不同角度进行了深入探讨,但提出品牌价值共创的概念框架的学者寥寥无几。仅有 Ramaswamy 和 ozcan（2016）提出了数字化世界品牌价值共创的框架,虽然他们的模型相当完整,但更强调共创的双方是企业和利益相关者。而作者研究团队在其基础上提出了产消视角下的平台品牌价值共创概念模型,如图 5.1。

本研究认为平台品牌价值共创属于一个动态的演进过程。图 5.1 中心轴上下的纵向动态描绘了品牌体验视角下共同创造品牌价值的方式结构,从品牌能力生态圈出发,以品牌融入平台为接入口。这种新的品牌化方式改变了传统以"内容为王"的"自上而下"的品牌传播途径,变为以"大众文化"所推动的"自下而上"的传播途径。横轴表明的是平台品牌生态圈包括的三类基本角色：品牌融入平台、平台供应方、平台需求方（产消者）,三者之间相互共创价值。

模型的左边是平台供给方,不仅包括产品或者服务供应商（入驻企业）,而且自创品牌的产消者也充当了供给方。这些产消者具有较高的参与度,他们甚至参与到供给方的设计与研发环节,并凭借其特有的知识与能力优势自创品牌,他们已经具有部分供给方的功能。供给方可以为需求方、其他供给方创造价值并与平台所有者共创价值。首先,供给方可以为需求方创造价值,数字平台突破了实体市场空间与时间的限制,大量供给方能够为需求方提供丰富多样的产品与服务。其次,供给方也可以为其他供给方创造价值。平台上的供给商一般分为不同的层次,基础层次的供应方往往成为较高层次供给方的组件,通过资源（如社交媒体平台,员工,职位）和流程（例如社交媒体）整合创造更多的潜在的生产价值，促进价值生成。最后，供给方还能与平台所有者实现价值共创。平台所有者提供了系统的核心组件，供给方基于平台进一步创新，提供了与平台互补的产品，丰富了系统的功能。

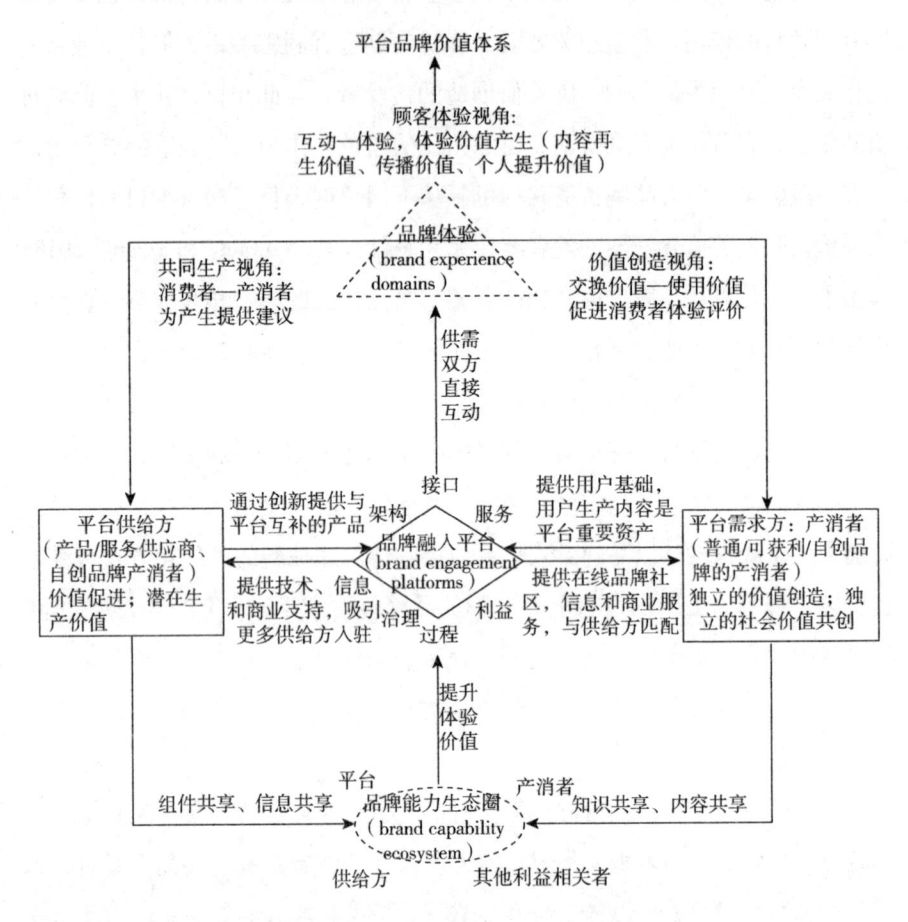

图 5.1　平台品牌价值共创概念模型

模型的右边是平台需求方即产消者，通过文献梳理，我们发现，可以把产消者分为普通产消者、可获利的产消者和自创品牌的产消者，他们作为价值共创的另一方。需求方可以为其他需求方、供给方与平台所有者创造价值。需求方可以为其他需求方创造价值：通过电子口碑等方式分享信息，与他人互动从而为自己积累流量和人气，单独创造价值或与其他产消者社交性地创造社会价值（例如点赞和分享）。需求方也能为供给方创造价值：产消者也为供给方改进产品提供了建议，此时产消者成为价值链的最前端，起到了启发价值创造的作用。需求方还能为平台所有者创造价值：需求方为平台企业提供了用户基础，吸引了平台的供给方；需求方在使用平台过程中，平台积累了大量需求方用户的评论与行为数据，这些数据成为平台重要的资源，是平台创造价值的源泉。

模型的中间是品牌契合平台。平台能够为愿意融入的需求方、供给方并与其他平台所有者实现价值共创。平台所有者为需求方和供给方提供了信息与商业基础设施，这会吸引大量企业入驻，构成品牌社区，供给方与品牌或其他顾客基于平台的互动，形成了品牌契合。平台价值创造的基础是需求方与供给方之间的交叉网络外部性。需求方选择某个平台，决定因素之一是平台上供给方的数量与质量；供给方选择某个交易平台，决定因素之一是平台上需求方的数量与质量。同时，交易平台提供的信息工具将减少买卖双方的信息不对称，降低买方的搜索成本；提供的第三方支付工具等将降低买卖双方违约的风险；提供的物流服务将方便交易的实施。因此，供需多方利益相关者愿意融入这个平台。平台的结构、服务、治理、经济利益（如奖励政策、知识产权保护等）一系列的设计，能够吸引更多的品牌企业入驻，平台初期的价格补贴政策也带来更多的产消者的体验，从而使得供需平衡。

模型的上方是平台供给方与产消者基于品牌契合平台，通过直接互动的结果而产生的品牌体验，互动是价值共创的核心。在平台品牌价值共创中，通过共同生产使得消费者角色转变为产消者，为生产提供建议。消费者参与价值共创使得交换价值转变为使用价值，促进消费者内容生产。同时，产生了新的体验价值，根据我们研究团队的研究，发现体验价值包括内容再生价值、传播价值和个人提升价值。顾客（用户）的个体能力、融入与体验决定了品牌与品牌建立，从而会导致平台品牌价值共创下的品牌价值体系的重构。

模型的下方是品牌能力生态圈。当品牌体验使得用户在认知、情感和行为得到满足时，就会发挥杠杆的作用放大交叉网络外部性，促进供给方和需求方的再创造能力。再创造能力可以优化品牌能力生态圈。平台所有者可以通过与其他平台兼容，实现价值共创。当两个平台兼容时，其可以共享平台的组件、需求方或供给方。此时，需求方或供给方将在没有转换成本的情形下，同时参加多个平台，这就使得入驻企业无形中被推广，吸引大量的需求方。供给方将带来信息共享和组件共享，需求方会带来知识共享和内容共享，各参与方在资源和能力上形成互补。品牌契合平台、入驻企业、产消者及其他利益相关者从而构成了品牌生态圈，一个品牌生态圈只有平衡好价值共创与价值获取的关系，才能具有持续发展的能力。品牌能力生态圈也可以反过来提升品牌契合平台的价值体验，从而形成平台品牌价值共创闭环。

Chandler Jennifen（2015）对共享经济平台的特征做出如下归纳：首先，运营共享经济平台的企业并非网络环境下所特有，购物中心、农贸市场、创意园区等均为线下平台企业的实例，但是"互联网＋"促使共享经济平台在多个领域内爆发式发展，这一结果已经深刻改变了社会经济运作模式和人们生活行为习惯。因此，本研究聚焦于 Web2.0 环境下共享经济的网络平台。其次，共享经济的网络平台连接了两个或多个群体，这些群体没有上下游之分，并具有平行的市场地位。再次，共享经济平台仅与单边市场互动无法获益，它必须通过以产消为主导的有效手段激励多方群体之间的互动才能从中获益，而并非将交易佣金或差价作为主要盈利手段。最后，在与各方群体通力合作中，平台必须注重品牌形象、网络口碑等软实力的提升去实现互利共赢。因此，本研究认为，一个成功的共享经济平台并非仅是提供简单的渠道或纯粹的中介服务，它需要开启多边市场间从未被挖掘的功能，从而打造出完善的、成长潜能强大的"平台生态圈"，同时本研究从产消视角探讨平台品牌价值共创机制，在整合共享经济平台理论、服务主导逻辑理论、消费者体验理论和品牌生态圈理论的基础上探索平台品牌价值共创概念模型。这将区别于传统的供应链理论视角，通过产消机制引导平台生态圈各参与者对平台所配备的信息管理设备和系统充分利用，由此将各自的资源合理地配置到服务创新的不同环节，实现价值共创，并促使各方"利益共担、价值共享"。

第6章　产消合一视角下平台品牌价值重构研究

价值共创对品牌创建和管理带来了新的变化。已有部分研究表明，价值共创对消费者—品牌关系（Luo 等，2015）、品牌传播（Singh & Sonnenburg，2012）、品牌资产（Schivinski & Dabrowski，2015）等产生了影响。为了更深入地对新的消费者—品牌关系展开分析，本研究团队对平台品牌价值维度进行了重构研究。

6.1　基于产消合一逻辑的品牌价值提出与界定

（1）关于品牌价值提出

Lassar 等（1995）定义品牌价值前提，认为品牌价值指的是评估者的主观看法，在探讨基于产消逻辑的品牌价值时，收集产消者对品牌的主观看法作为原始材料进行扎根研究。

品牌价值是企业最有价值的无形资产。过去关于品牌价值的主要观点基本可归结为三类：一是从财务的角度出发，品牌作为无形资产被买卖或在资产负债表上的价值，即品牌的财务绩效；二是从消费者角度出发，体现了消费者在发生购买行为时的心理联想和感知情况；三是基于产品市场观点，主要指品牌的市场绩效。过去的研究认为，品牌价值来源于消费者，并带来企业股东价值。Christodoulides 和 Chernatony（2010）认为基于财务的品牌价值指示了消费者对品牌反应的结果，而基于消费者的品牌价值则被视为市场份额和品牌盈利能力的驱动力量，因此营销领域大部分的研究都是探讨基于消费者的品牌价值结构维度及其影响作用。

（2）关于品牌价值的研究视角

以往的研究多从认知论的角度理解品牌价值，并由此衍生出众多测量量表。如，Yoo 和 Donthu 品牌价值评估量表（品牌意识、品牌忠诚、感知质量、品牌联想和整体品牌权益）。但近年来，学者们开始重视品牌价值维度中品牌与被试者的情感联结，开始从关系论、体验论的角度评估品牌价值，品牌价值评估维度在不断增加。虽然与品牌价值相关的大量研究虽然未直接开发品牌价值的测量模型，但都反映了被试者与品牌相关的感知与内在心理为主题，丰富了品牌价值维度的测量。其中，Brakus（2009）等认为品牌体验是消费者受到品牌相关刺激（如品牌设计、标志、包装等）而引发的感官、情感、认知及行为反应，从体验论的角度开发了品牌价值测量量表。

随着 Web2.0 时代的到来，生产和消费融合，在产消合一逻辑下，消费者将被产消者迭代。本章将重点研究基于产消合一逻辑的品牌价值，并将其界定为在产消合一逻辑下，评估者主观认为有品牌产品与无品牌产品相比而言所增加的价值，即品牌与无品牌及其他品牌相比，为企业带来财务价值和市场绩效的内在本质。

6.2 研究设计

6.2.1 研究方法

扎根理论被公认为是最科学的定性研究方法，是生成理论的理想探索性方法。本研究使用 Charmaz 建构主义扎根理论研究范式，探索基于产消逻辑的品牌价值，研究流程如图 6.1 所示。

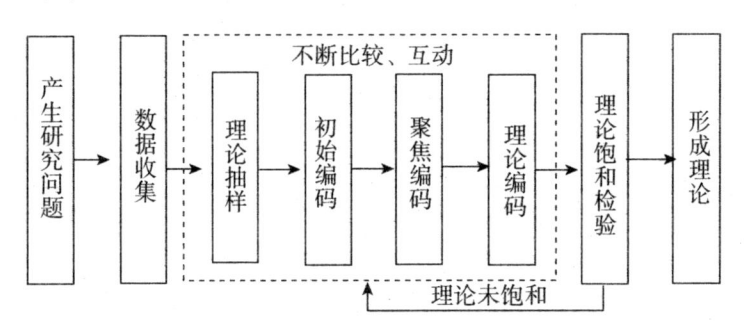

图 6.1　扎根研究流程

6.2.2　数据收集与理论抽样

数据的选取主要来源于社交媒体、视频网站和小说网站等原创内容分享平台，以及《中国分享经济发展报告（2017）》列举的分享经济模式和典型案例，具体包括随机采集百度口碑网上网友对 Airbnb、Uber、滴滴出行、晋江文学城、起点中文网、哔哩哔哩、知乎、猪八戒网、众筹网、小猪短租、同城人人贷、闲鱼、K68、新浪微博、人人快递、纸引未来、学易直播、微信、美拍、秒拍、花瓣、春雨医生和医享网二十三个品牌的评论（采集时排除疑似水军的评论）900 条，共计 8 万余字。

所抽样的品牌涵盖了产消逻辑下三种商业模式，涵盖了分享消费、分享生产、分享学习和分享金融四类分享经济类型，既包括营利性组织也包括非营利性组织。品牌所在分享经济领域包括应用领域、交通出行、房屋住宿、P2P 网贷、资金众筹、生活服务、知识技能、生产能力、医疗服务、社交分享和娱乐分享，如表 6.1 所示。

表6.1 品牌所在分享经济领域

应用领域	品牌
交通出行	Uber、滴滴出行
房屋住宿	Airbnb、小猪短租
P2P网贷	同城人人贷
资金众筹	众筹网
生活服务	闲鱼、人人快递
知识技能	知乎、学易直播、K68、猪八戒网
生产能力	纸引未来
医疗服务	春雨医生、医享网
社交分享*	微信、新浪微博
娱乐分享*	视频网站（哔哩哔哩、美拍、秒拍）；小说网站（晋江文学城、起点中文网）和图片网站（花瓣）

注：*为本研究增加的分享经济领域分类。

使用 Airbnb、Uber、滴滴出行、晋江文学城、起点中文网、哔哩哔哩、知乎、猪八戒网、闲鱼、K68、新浪微博、纸引未来、微信、美拍、秒拍、花瓣、春雨医生和医享网这十八个品牌621条评论，约2/3原始材料进行初步的数据分析，通过质性编码形成品牌价值的基本维度结构。采用剩余约1/3原始材料，即众筹网、小猪短租、同城人人贷、人人快递和学易直播五个品牌279条评论进行理论饱和度检验。

6.3 平台品牌价值构念的质性研究

研究团队采用定性研究方法中的 Charmaz 建构主义扎根理论的研究范式及其研究工具，探讨产消合一视角下的平台品牌价值研究。随机采集百度口碑网上产消者的评论，最终共采集 Airbnb、Uber、滴滴出行、晋江文学城、起点中文网、哔哩哔哩、知乎、猪八戒网、众筹网、小猪短租和同城人人贷十一个品牌的评论（采集时排除疑似水军的评论）647 条，共计 5 万余字。这十一个品牌涵盖了共享消费、共享生产、共享学习和共享金融四种共享经济类型，既包括营利性组织也包括非营利性组织，运营模式包括 P2P 和 B2P 两类。采用 Airbnb、Uber、滴滴出行、晋江文学城、起点中文网、哔哩哔哩、知乎和猪八戒网八个品牌435 条评论，约 2/3 原始材料进行初步的数据分析，通过扎根理论初始编码、聚焦编码和理论编码三级编码分析，凝练出 58 个核心概念，36 个范畴，17 个副主范畴，5 个主范畴（品牌知识、品牌关系质量、品牌体验、品牌推崇和品牌公民行为）和 1 个核心范畴（产消视角下的平台品牌价值），构建了由品牌知识、品牌关系质量、品牌体验、品牌推崇和品牌公民行为五个维度构成的产消视角下的平台品牌价值维度结构模型（具体分析结果见图 6-2）。通过以上扎根理论方法，已经完成了相对成熟的质性研究成果。并以上述质性研究结果，作为平台品牌价值测度项目的选择与归类的依据。

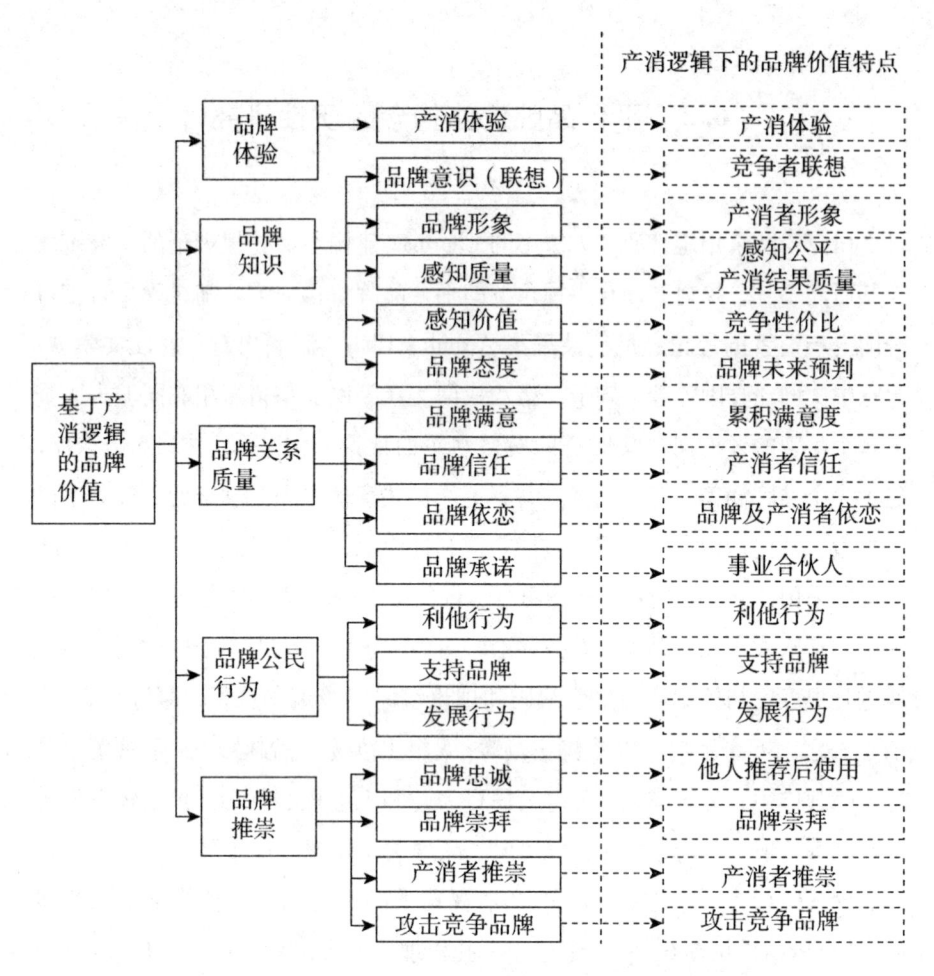

图 6.2　产消合一视角下的平台品牌价值维度结构模型

6.4　产消合一逻辑与商品主导逻辑下的品牌价值理论对比

本部分将对比商品主导逻辑与产消逻辑下的品牌价值理论，讨论商品主导逻辑与产消逻辑下的品牌价值及品牌价值形成机制。

6.4.1 产消合一逻辑与商品主导逻辑下的品牌价值结构模型对比

基于产消合一逻辑的品牌价值比基于商品主导逻辑的品牌价值的内涵更为丰富，主要体现在基于产消合一逻辑的品牌价值扩展了品牌推崇和品牌公民行为两个维度。原基于商品主导逻辑的品牌价值中的品牌忠诚维度纳入了基于产消逻辑的品牌价值品牌推崇维度当中，如图6.3所示。

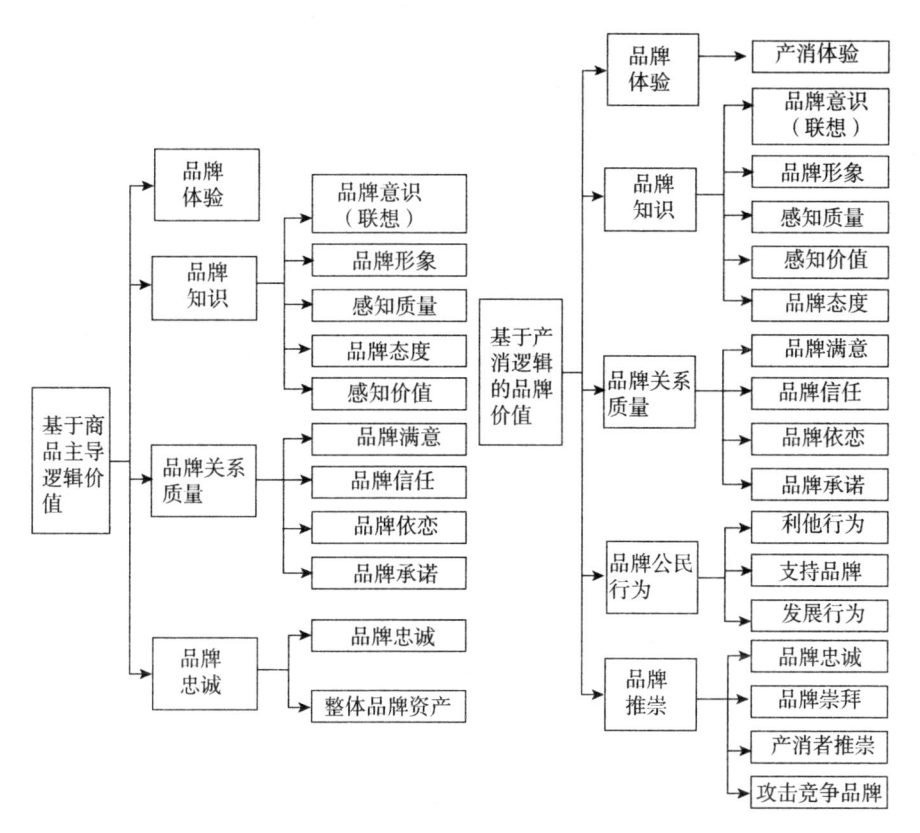

图6.3 商品主导逻辑与产消合一逻辑下的品牌价值维度结构模型对比

基于产消合一逻辑下的品牌价值呈现出新的特点，如图6.4所示。

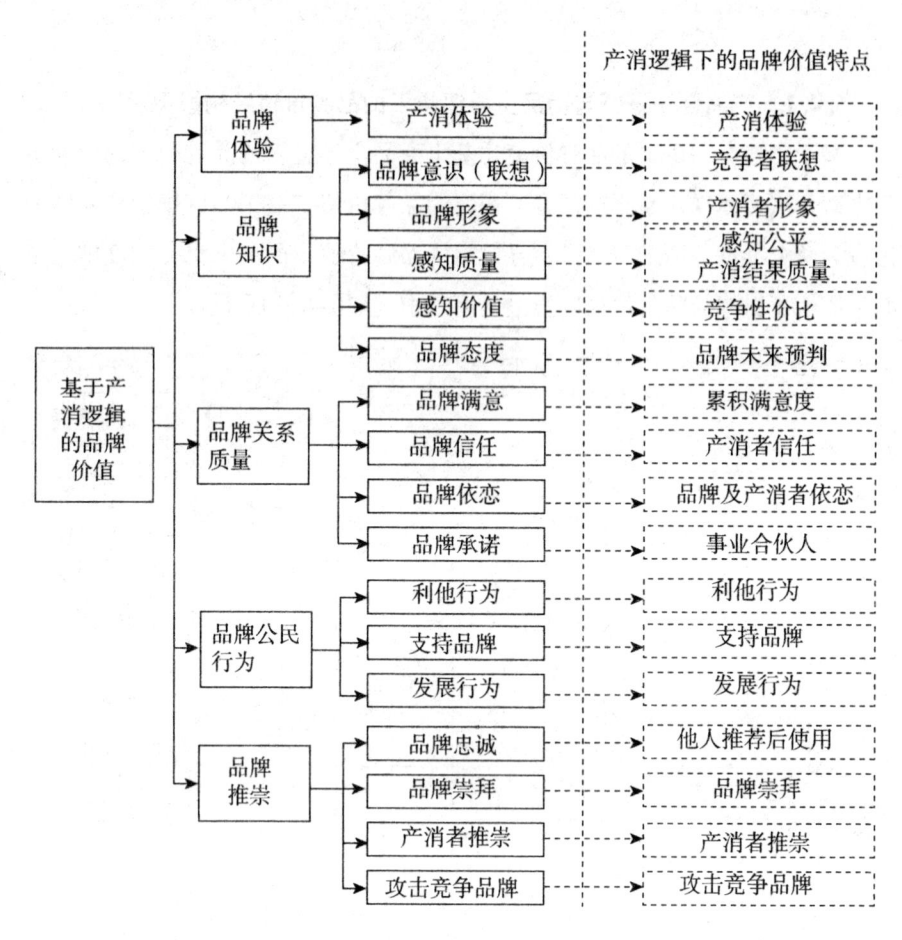

```
                                          产消逻辑下的品牌价值特点
            ┌─ 品牌 ─┬─ 产消体验 ─────────→ 产消体验
            │  体验  └─ 品牌意识（联想）──→ 竞争者联想
            │
            │         ┌─ 品牌形象 ────────→ 产消者形象
            ├─ 品牌 ─┼─ 感知质量 ────────→ 感知公平
            │  知识  │                     产消结果质量
基于产消         │         ├─ 感知价值 ────────→ 竞争性价比
逻辑的品牌 ─┤         └─ 品牌态度 ────────→ 品牌未来预判
价值        │         ┌─ 品牌满意 ────────→ 累积满意度
            ├─ 品牌 ─┼─ 品牌信任 ────────→ 产消者信任
            │  关系  ├─ 品牌依恋 ────────→ 品牌及产消者依恋
            │  质量  └─ 品牌承诺 ────────→ 事业合伙人
            │         ┌─ 利他行为 ────────→ 利他行为
            ├─ 品牌 ─┼─ 支持品牌 ────────→ 支持品牌
            │  公民  └─ 发展行为 ────────→ 发展行为
            │  行为
            │         ┌─ 品牌忠诚 ────────→ 他人推荐后使用
            └─ 品牌 ─┼─ 品牌崇拜 ────────→ 品牌崇拜
               推崇  ├─ 产消者推崇 ──────→ 产消者推崇
                     └─ 攻击竞争品牌 ────→ 攻击竞争品牌
```

图6.4 产消合一逻辑下的品牌价值特点

（1）品牌体验

本研究将产消合一逻辑下的品牌体验界定为以产消者为主体的品牌利益相关者与品牌互动过程中，产生的一系列感官、情感、思考、行为和社交体验。品牌体验包括感官体验、情感体验、思考体验、行为体验和社交体验五个维度。尽管互联网界面不能提供味觉和触觉体验，品牌仍然通过开发视觉内容（例如，文字、图像和设计）和声音（例如，背景音乐）来影响用户体验进而激发用户的购买欲望。用户不仅是消费行为的主体，更是生产行为的主体，用户不是指消费者而是产消者。品牌不仅提供了产消者生产、消费产品（服务）的感官体验和行动体验，还传递了情感、认知、生活方式和社会身份等体验。

通过扎根研究发现，品牌体验凸显了产消时代的本质——产消合一，品牌体验的主体不是顾客，而是既生产又消费的产消者以及产消者以外的品牌利益相关者，并且品牌体验发生的阶段，不是割裂的生产或消费，而是生产和消费融合为一的阶段。例如，"这个网站好哇，各种动漫资源都能看到（消费），而且可以下载（消费），可以发弹幕（生产）"，发弹幕的行为是在观看资源的同时发生，产消者边看视频边发弹幕，是消费与生产融合合一的过程，而非看完视频之后再进行评论先消费后生产的过程。此外，"品牌体验"会影响品牌知识和品牌关系质量。例如，"知乎这个论坛网站对于我来说真的很不错（品牌关系质量），解决了我在软件工程专业的理论上的不懂之处（品牌体验之知识体验），里面的大神真的很多（品牌知识），而且回答都比较热情（品牌知识）。"

（2）品牌知识

品牌知识是储存在以产消者为主体的品牌利益相关者记忆中品牌的私人意义，即与品牌相关的认知描述和评价信息。通过扎根理论研究发现品牌知识是由品牌意识（联想）、品牌形象、感知价值、品牌态度和感知质量这五个维度构成。

- 品牌意识（联想）

本研究将产消合一逻辑下的品牌意识（联想）定义为品牌在以产消者为主体的品牌利益相关者记忆中的存在感强度，与品牌相关的一切。笔者在进行扎根研究时发现，以产消者为主体的品牌利益相关者在自发回忆品牌时，同时描述出回忆中有关于品牌的一切。笔者认为品牌意识和品牌联想可以合并同一。品牌意识（联想）包括四个维度：品牌回忆、品牌联想、竞争者联想和知名度。值得注意的是，"与品牌相关的一切"原则上包括与品牌相关的产消者和竞争者，但以往文献并未特意提出与品牌相关的产消者联想和竞争者联想。在扎根研究过程中，笔者发现，有一些产消者在提到特定品牌时会联想到该品牌的其他产消者，发展出"产消者联想"。还有一定比例的产消者在提到特定品牌时，顺便列举出其竞争品牌，将这些品牌放到一起进行比较，尤其是在特定品牌处于弱势而竞争品牌恰好处于优势的方面，对品牌口诛笔伐。

- 品牌形象

Dobni 和 Zinkhan（1990）将品牌形象视为理性或感性的解读，受到营销活动和消费者特征的影响。还有一些市场营销文献着重强调了与品牌形象认知维度相关的情感维度。一些研究也提到了品牌形象的感官维度，例如，Keller 将品牌形象的感官维度融入认知和情感维度中。Keller 的理论框架里面，认知维度包括非产品属性利益（例如，价格）、功能利益（例如，安全）、象征利益（例如，尊贵）。Korchia（1999）对法国消费者的定性研究表明，时尚品牌的品牌形象包括认知、感觉和情感联想。

本研究将产消时代的品牌形象定义为品牌及其相关的一切在以产消者为主体的品牌利益相关者心目中的整体印象。通过扎根研究发现，品牌形象的三个维度包括产消者形象、平台形象、产品或服务形象。尽管以产消者为主体的品牌利益相关者从认知、感官和情感等视角对品牌理性或感性的解读，但在具体叙述时，以产消者为代表的品牌利益相关者倾向于从产消者、平台和平台提供的产品或服务这三方面来阐述。商品主导逻辑下，品牌形象的研究对象是产品，但是在产消合一逻辑下，以产消者为主体的品牌利益相关者非常关心产品的生产者与使用者（产消者）形象，产消者形象扩展了品牌形象的边界。例如，"知乎给我的印象就是高端大气上档次，知乎上聚集了一些行业领袖和名人，所以上面的回答专业性和权威性都比较强"，该产消者认为知乎的品牌形象是"高端大气上档次"，其原因在于其他产消者是"行业领袖和名人"能够得到权威专业的解答。产消者形象作为品牌形象的重要维度对于品牌忠诚的影响不容忽视。

- 感知价值

大多数的研究者认为感知价值是个多维构念，但从消费者的视角而言，这些多维度的构念都是将价值的各方面再糅合成价值本身。感知价值使得在体验产品或服务后，将各方面因素放在一起考虑成为可能，特别是在Web2.0情境下。一方面，以产消者为主体的品牌利益相关者分析通过平台获得的好处，另一方面，以产消者为主体的品牌利益相关者得为获得利益而承担费用。由此也产生一些问题，这些不同的维度是感知价值的子构念还是感知价值的影响因素？有没有直接测量感知价值的方法？

本研究将产消时代的感知价值定义为以产消者为主体的品牌利益相关者认为品牌性价比高低。通过扎根研究得知，感知价值包括获得收益、平台收费、竞争性价比三个维度。获得收益是累积价值，符合B2B情境下研究的观点。获得收益、平台收费、竞争性价比三个维度都是从感知利得与感知利失的角度来评估以产消者为主体的品牌利益相关者的感知价值。其中，竞争性价比从经济学机会成本角度提出以产消者为主体的品牌利益相关者在评估品牌知识价值时还考虑到了其竞争品牌和替代品的性价比，并能激发品牌关系质量和品牌忠诚，例如，"这款打车软件真的很不错（品牌关系质量），朋友推荐后用过好几次了（品牌忠诚）……很多都是奔驰和宝马等豪车，不但如此而且价格也比出租车和滴滴专车便宜很多（竞争性价比）"，"太贵了，还不如坐出租车了呀……拜拜。"产消时代的感知价值概念在达到理论饱和，还拓展了新的维度——竞争性价比。

- 感知质量

目前学术界对电子服务质量的研究仍处于起步阶段。商品主导逻辑下，Parasuraman等（2005）将电子服务质量定义为网站快速有效完成浏览物、购买和交付功能的程度。电子服务质量包括两个阶段，购买前阶段（容易使用，产品、订单和个人信息保护）和购买后阶段（交付，客户支持，履行承诺和退货政策）（如表6.2）。

表 6.2 感知质量量表维度

作者	感知质量量表维度
O'Niell 等，2001	四维度：联系、反应性、可靠性和有形性
Barnes 和 Vidgen，2002	五维度：可用性、设计、信息、信任和移情
Janda 等，2002	五维度：性能、访问、安全、感觉、和信息
Cai 和 Jun，2003	四维度：网站设计/内容、诚信、服务可靠及时和沟通力
Jun 等，2004	六维度：可靠/及时响应、专注、易用、连接、安全和信誉
Lee 和 Lin，2005	五维度：网页设计、可靠性、响应力、信任和个性化
Parasuraman 等，2005	四维度：效率、系统可用性、履约和隐私。
Bauer 等，2006	五维度：功能/设计、快乐、流程、可靠性和响应力
Ho 和 Lee，2007	五维度：信息质量、安全、网站功能、客户关系和响应力
Shachaf 等，2008	三维度：及时反应、可靠性和礼貌性。
Roses 等，2009	五维度：可靠性、保证、有形性、移情、响应力
Liao 等，2011	四维度：技术充分、内容质量、外观、网站导航
Bernardo 等，2012	七维度：效率、履约、系统可用性、隐私、响应力、赔偿、联系
Stiglingh，2014	十维度：履约、方便、效率、系统可用性、可靠性、保障、移情、响应力、安全性和激励
M Blut 等，2015	四维度：网站设计、履约、客户服务和安全/保障
Stegaru 等，2015	三维度：业务质量、运营质量和系统质量

本研究将产消合一逻辑下的感知质量定义为以产消者为主体的品牌利益相关者对平台响应力、平台易用性、平台安全性、平台提供产品（服务）品质以及平台公平的主观评判。通过扎根研究发现，产消时代的感知质量包括四个维度：平台响应力、平台易用性、平台安全性、产消结果质量以及感知公平。

大部分商品主导逻辑下电子服务质量的概念和维度都发展自交付质量和结果质量，但与以过程为导向的交付质量相比，结果质量并未得到重视，对比过去文献发现，平台响应力、平台易用性和平台安全性是学者们描述电子服务质量最多的三个维度。产消时代，分享经济等新经济模式融合 B2C 和 C2C 两种商业模式，在 B2C 阶段中，感知质量衡量平台响应力、平台易用性和平台安全性这三个维度，也就是传统的电子服务质量维度；C2C 阶段中，产消者会消费其他产消者生产的产品或服务，因此会非常关注其他产消者所提供的产品（服务）品质——产消结果质量。

- 品牌态度

商品主导逻辑下，许多学者认为行为意愿是态度的结果，并不能解释真正的态度，建议只以认知成分和情感成分作为态度的两个维度。消费者第一次使用某一产品或服务时产生的感觉会形成态度进而影响其购买倾向，消费者态度一旦形成，消费者对态度的变化将产生强烈的抵制性。Shimp（2012）认为商品主导逻辑下的品牌态度主要取决于消费者自身对品牌的观点，是消费者行为的可靠预测变量。我国学者柴俊武（2007）赞同认知和情感两维说的观点，认为商品主导逻辑下的品牌态度是消费者对某品牌的总体评估，主要取决于消费者对该品牌所拥有的相关知识，品牌态度是消费者对品牌的整体品质知觉和情感。

本研究将产消合一逻辑下的品牌态度定义为以产消者为主体的品牌利益相关者对品牌产生的喜恶倾向，正面或负面的情绪，对品牌未来积极或消极的预判。扎根研究发现，在产消逻辑下的品牌态度是以回忆品牌时对品牌产生的喜恶等正面或负面的情绪或者积极或消极的看法。在产消合一逻辑的品牌态度包括情感取向（喜恶等正面或负面的情绪）和认知取向（积极或消极的看法）。产消逻辑下的品牌态度分类与商品主导逻辑下品牌态度二维说一脉相承，在产消合一逻辑下的品牌态度与商品主导逻辑下的品牌态度一样具有正负强弱之分。从时间轴来看，产消合一逻辑下的品牌态度不仅仅包括对品牌现状的情感、认知取向，还包括对品牌未来的预判。例如，"搞个什么动态费，比车费还贵，这是要黄的节奏啊"，但商品主导逻辑下的品牌态度研究很少提及消费者对品牌的未来预判。此外，"品牌未来预判"会激发品牌推崇，例如，"如果能够继续这样或者往好的方面发展，忠实用户不会流失的"。

（3）品牌关系质量

本研究将产消逻辑下的品牌关系质量定义为以产消者为主体的品牌利益相关者与品牌之间长期持续的情感联结。产消合一逻辑和商品主导逻辑下的品牌关系质量都是由品牌依恋、品牌信任、品牌满意和品牌承诺这四个副主范畴构成。对商品主导逻辑下的文献回顾发现，虽然学者们对于品牌关系质量的概念与维度并未有一致的定论，但是绝大部分学者的观点都强调了商品主导逻辑下品牌关系质量长期持续的情感取向。

- 品牌满意

满意是个人对产品表现和期望的判断，也有一些研究认为这种判断不是个体行为而是社会行为。这代表了从有形资源到无形资源（例如，价值共创和关系）转变的趋势。消费者参与价值共创实质上是消费者对品牌满意的结果，并且"满意度"会影响品牌推崇，例如，"滴滴真的是很差劲……告诫其他的朋友不要用滴滴了"。

本研究将产消合一逻辑下的品牌满意定义为以产消者为主体的品牌利益相关者根据其对品牌所有的体验，判断品牌的表现是否符合其预期。产消合一逻辑下的品牌满意属于整体（或累积）满意度，体现了以产消者为主体的品牌利益相关者与品牌长期的情感关系，符合学术界对品牌满意的研究趋势。大多数学者认为满意是被消费者对品牌的全部体验所唤起，是对长期以来购买、消费产品或服务体验的情感反应。几乎所有商品主导逻辑下的满意度研究采用整体满意度，因为它比短暂满意度更能预测消费者的行为意向以及公司过去、现在和未来经营业绩。近期有关满意与企业绩效的研究发现，满意更多是指与公司长期的关系，而非仅是某产品或某一次与公司的接触。从期望不一致理论的视角来定义产消合一逻辑下的品牌满意也符合商品主导逻辑下满意度研究的主流观点，但产消合一逻辑下品牌满意度的评价主体为以产消者为主体的品牌利益相关者而非消费者。

- 品牌信任

电子商务情境下的品牌信任问题已引起学术界的重视。Pavlou（2003）认为信任是消费者在了解网上卖家特征后认为网上卖家诚信。电子商务中，很难判断网上卖家将满足他们的承诺，保护消费者的个人信息隐私或者在线支付的安全性。平台的内容会影响消费者的感知信任，平台蕴含高质量的信息越多，消费者认为卖家的可靠性越高。此外，建立安全的支付流程对平台具有重大意义，消费者将由此信任平台，进而形成对平台的使用意向。

本研究将产消合一逻辑下的品牌信任定义为产消者认为品牌及使用品牌的其他产消者无欺诈行为，可靠、诚信，值得信赖。本研究通过质性编码的三个阶段，认为产消合一逻辑下的品牌信任是平台及使用平台的产消者无欺诈行为，可靠、诚信，值得信赖的程度。产消合一逻辑下的品牌信任包括平台信任和产消者信任两个维度，而商品主导逻辑下的研究只包含平台信任这个维度。Vila 和 Kuster（2011）认为平台内容会影响消费者的感知，信任。产消合一逻辑下，平台内容生产者已不仅仅是平台自己，而是平台云集的产消者，相应地，品牌信任的边界扩大，增加了产消者信任的维度。以产消者为主体的品牌利益相关者认为品牌应该为产消者不诚信的行为负责，产消者的不诚信就是品牌的不诚信，并且"产消者信任"会影响品牌忠诚。

- 品牌承诺

早期的研究认为承诺是单维构念，近二十年来，承诺已演化为多维构念。由于维持关系的对象不同，商品主导逻辑下的承诺可分为认知和情感两个维度。认知承诺是考虑到预期终止关系的转换成本，愿意同交易对象维持关系的程度。情感承诺是指个人与对象的情感联系，与低承诺感的个体相比，高承诺感的个体更希望与对象紧密捆绑在一起，并且不希望改变这种状态。Allen 和 Meyer（1990）经典的组织承诺三维模型将承诺分为感情承诺、继续承诺和规范承诺，这三种承诺中，感情承诺被认为是给组织带来利益最多的承诺。Burmann 和 Zeplin（2005）进一步将组织承诺的定义引申至品牌领域，品牌承诺被定义为"对品牌心理依恋的程度，自愿为了品牌目标的实现而努力，激发品牌公民行为。"

本研究将产消合一逻辑下的品牌承诺定义为以产消者为主体的品牌利益相关者将自身与品牌捆绑，认同品牌，努力维护与品牌的关系，成为品牌事业合伙人。产消逻辑下的品牌承诺主范畴是由价值承诺、关系维护和事业合伙人三个副主范畴构成，其中价值承诺和关系维护属于情感承诺维度，事业合伙人则融合了情感承诺维度和认知维度。价值承诺、关系维护和事业合伙人三个副主范畴与商品主导逻辑下的组织承诺三维模型范式相对应。产消合一逻辑下的品牌承诺与商品主导逻辑下的品牌承诺不同在于，产消合一逻辑下的品牌承诺在呼应商品主导逻辑下研究成果的基础上拓展的事业合伙人这一维度具有鲜明的"产消合一"特色。

- 品牌依恋

品牌依恋能够表征出品牌与以产消者为主体的品牌利益相关者之间的爱和激情、亲密关系。本研究将产消合一逻辑下的品牌依恋定义为以产消者为主体的品牌利益相关者认为其对品牌及品牌平台上的产消者产生了爱恋、不能与品牌分离的感觉。产消合一逻辑下，品牌依恋的内涵为以产消者为主体的品牌利益相关者认为其对品牌产生了爱恋、不能与品牌分离的情感联结。不可分离和爱恋维度描述了以产消者为主体的品牌利益相关者与品牌之间的情感，与 Lacoeuilhe（2000）的"消费者与品牌长久不变情感"的观点契合。此外，"爱恋、不能与品牌分离"的情感描述了品牌和自我的密切关系，是真实的、可预期的情感，同人与人之间依恋的情感相同，是高质量的伙伴关系。例如，"非常喜欢的一个动漫网站……后来就一发不可收拾的爱上啦"，传承了品牌依恋的主流观点。在产消合一逻辑下，品牌依恋的评价主体为以产消者为代表的品牌利益相关者而非消费者，产消者们一边消费品牌，一边为品牌生产内容，"边看着自己喜欢的视频，边看着大家分享的喜怒哀"。产消者会因为迷恋别的产消者而频繁使用品牌、购买品牌。"产消者依恋"会激发品牌推崇。例如，"我一般除非是很迷恋某大作否则我是可以等到可以看免费的时候才看的，不过说起来晋江的言情小说写得最好，我还是喜欢光顾晋江的。"

(4) 品牌推崇

产消合一逻辑与商品主导逻辑相比，以产消者为主体的品牌利益相关者对品牌的忠诚升华为对品牌的推崇。品牌推崇是用来描述比正面品牌口碑传播境界更高的消费者行为的概念，品牌推崇不仅表现为消费者忠诚于特定品牌，而且表现为消费者对该品牌投入情感，它使消费者倾向于向他人分享其对该品牌的积极消费体验。

品牌推崇包括品牌忠诚、品牌崇拜、产消者崇拜和攻击竞争品牌。商品主导逻辑下，消费者也可能产生品牌崇拜以及攻击竞争品牌的行为，学者们着重强调品牌崇拜和攻击竞争品牌的部分成果——口碑推荐，因为口碑推荐能反映推荐者的再次购买意向，即说品牌好话的人再次使用品牌的可能性更高，因此将口碑推荐并入品牌忠诚。基于商品主导逻辑的品牌价值最终会体现在品牌的财务价值和市场绩效上，而品牌的财务价值和市场绩效是由消费者的购买品牌的消费行为产生，因此学者们认为整体品牌价值的测量要以品牌购买意向为主，换而言之学者们认为品牌忠诚是产生基于商品主导逻辑的品牌价值的直接来源。

(5) 品牌公民行为

品牌公民行为是指在品牌没有要求的情况下，以产消者为主体的品牌利益相关者在使用品牌之外，自愿采取的对品牌、其他产消者、社会和环境有利的行为。

产消合一逻辑下，随着商业模式的转变，品牌财务价值和市场绩效的实现，不仅仅依赖产消者对品牌的消费行为，品牌更需要通过产消者的生产行为攫取剩余价值。因此，为品牌带来财务价值和市场绩效的行为不仅包括消费品牌的行为，还包括为品牌生产的行为。品牌公民行为包括利他行为、支持品牌和发展行为，这些行为都是典型的为品牌生产的行为。

品牌公民行为构建了产消品牌的商业模式，成为产生品牌价值的直接来源之一。例如，医享网上"重慢病的病友们会把自己治疗的过程写在上面，大家相互鼓励，分享治病经历"，病友们互相分享的行为会吸引更多的病友（产消者），医享网以其广大的产消者基础成为其他品牌的广告投放对象，从中获得盈利。此外，产消逻辑下，产消者的品牌公民行为，如知识共享这样的利他行为以帮助他人为初衷，最终为产消者自身和品牌带来交换价值。产消者的品牌公民行为成为其他产消者主动追逐，并愿意为之付费的商品（服务）。第三方机构易观公布的《2016中国知识付费行业发展白皮书》显示，用户对于"内容"和"知识"的付费意愿和消费观正在发生转变，从不愿付费变得对于显著高质量、服务更好的类似产品愿意付费；用户信息获取的方式也在发生变化，从漫无目的地接收信息变为主动获取知识，信息的选择行为更为成熟，从而推动了知识付费行业的爆发。

6.4.2 产消合一逻辑与商品主导逻辑下的品牌价值维度路径对比

品牌价值维度之间的作用关系，具有重要的理论和实践意义。在扎根研究的基础上，本研究建构了基于商品主导逻辑和基于产消合一逻辑的品牌价值维度路径模型。这里进一步对比了商品主导逻辑与产消合一逻辑下的品牌价值各维度之间的作用机制，探讨其中的异同。

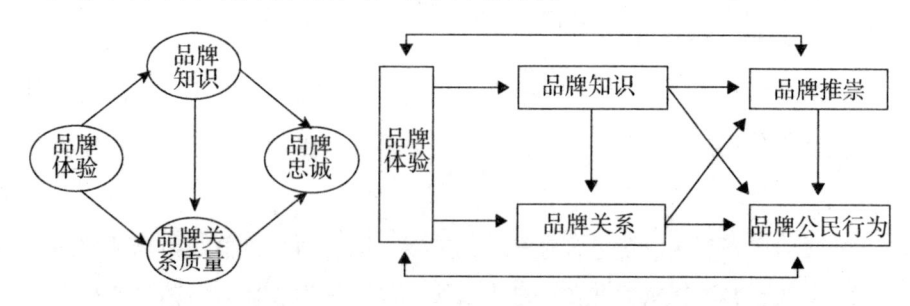

图6.5 商品主导逻辑与产消合一逻辑下的品牌价值维度路径模型

（1）商品主导逻辑与产消合一逻辑下的品牌价值维度路径模型的相同点

品牌体验对品牌知识和品牌关系质量具有直接影响作用；品牌体验通过品牌知识和品牌关系质量的中介作用，间接促进品牌忠诚（产消逻辑下品牌忠诚隶属于品牌推崇）的形成。

无论是商品主导逻辑还是产消合一逻辑下，品牌体验能够直接或间接地影响其他品牌价值维度，因此对其他品牌价值维度具有重要的杠杆作用。对比两种逻辑下的品牌价值维度结构发现，品牌价值作为心理构念时，存在"认知（评价）——情绪反应——应对"这样的结构本质。

（2）商品主导逻辑与产消合一逻辑下的品牌价值维度路径模型的不同之处

产消逻辑下的品牌体验对品牌忠诚（产消合一逻辑下品牌忠诚隶属于品牌推崇）具有直接影响作用，也可以通过品牌知识和品牌关系质量的中介作用，间接促进品牌忠诚的形成。商品主导逻辑下，品牌体验通过品牌知识和品牌关系质量对品牌忠诚产生间接影响。

产消合一逻辑下的结果变量除了品牌忠诚以外，还包括品牌公民行为，并且品牌忠诚在产消合一逻辑下升华为品牌推崇，而商品主导逻辑下的结果变量只包括品牌忠诚。如上章所述，由于产消合一逻辑生产和消费合一的本质，使得结果变量相比商品主导逻辑多了品牌公民行为这一具有生产属性的维度。

基于商品主导逻辑的品牌价值维度路径模型中，品牌忠诚对品牌体验没有激发作用，而产消合一逻辑下，品牌推崇和品牌公民行为对品牌体验具有激发作用

品牌推崇和品牌公民行为对产消合一逻辑下的品牌盈利具有非常重要的意义。从前文分析可知，平台品牌盈利的关键之处在于，产消者和产消活动的数量。品牌推崇和品牌公民行为创造了产消活动，增强了产消活动的数量；同时品牌推崇和品牌公民行为又激发其他产消者的品牌体验吸引了其它产消者的到来，增加了产消者人数，产消者人数增加会导致产消活动增加。由此，品牌推崇和品牌公民行为直接激发了产消合一逻辑下平台品牌的良性循环。

6.5　平台品牌价值发展趋势

6.5.1　平台品牌价值网络

产消合一逻辑下，虚拟价值流将品牌与其利益相关者联结为一张巨型的网络，以创造出更多价值。产消逻辑下，品牌价值创造的理论基础在于范围经济理论（价值网络理论基础），而非交易成本理论（价值链理论基础）。价值网络是在知识经济环境下产生的由信息技术推动的价值创造模式，本研究认为价值网络理论适用于分析分享经济下产消品牌的价值创造。

基于产消合一逻辑的品牌价值生态系统是广泛意义上的价值网络。基于产消逻辑的品牌价值生态系统是一个通过品牌与其利益相关者（尤其是产消者）价值共创，与外部环境互动，多方协作整合资源而形成的一个完整的价值增长进化系统。这个定义强调了品牌与外部资源共创价值，基于产消逻辑的品牌价值生态系统模型涵盖了价值网络的关键因素：观念（商业目的和策略、工作执行力因素）；组件（市场、信息通信设施、财务投资和资源）；背景（外部环境，一般指政府、经济和社会结构）。基于产消逻辑的品牌价值生态系统从品牌内部和品牌外部两个方面出发，在研发、采购、生产和销售等方面与品牌外部资源创新协作，开发了品牌协调能力，并推动产消者和产消者以外的利益相关者的成长，对外部环境具有能动作用，通过外部资源推动品牌自身的成长。

基于产消合一逻辑的品牌价值生态系统模型在传承前人价值网络理论的基础上，还存在以下不同。

（1）产消合一逻辑下，内容生产是价值增长的主力。

商品主导逻辑下，企业研发、采购、生产和销售等连续活动所构成的价值链涉及的是有形的物流、资金流和人流，是有形的。虽然商品主导逻辑下也存在无形的信息流动,但信息只是价值增值活动中的辅助元素。产消合一逻辑下,用户原创内容承载着品牌价值在虚拟价值流上传递。线下有形的物流、资金流和人流的传递裹挟着巨量的信息流,这个巨量的信息流融合在研发、采购、生产、销售和财务等每个环节,线下"有形价值流"之上如影随形的是线上"虚拟价值流"。产消合一逻辑下,品牌在线下发生了研发、营销、资本运作等一系列线性连续活动,构成了"有形价值流";在线上通过信息收集、分析等非线性活动构成的"虚拟价值流";并且有形价值流的每个环节都结合了虚拟价值流(例如,研发环节的数据分析)。有形价值流和虚拟价值流交织、联结成一张巨大的价值网——基于产消合一逻辑的品牌价值生态系统。

(2)产消合一逻辑下的品牌价值链的有形价值流与基于商品主导逻辑的品牌价值链并不完全相同。

研发阶段。产消合一逻辑下,强调拥抱技术、创意和分析为一体。商品主导逻辑下的产品研发也强调科技感和创意性,但商品主导逻辑不像产消逻辑这么注重信息的分析。事实上,热词"大数据挖掘"也是伴随着产消现象的爆发而引爆。

营销阶段。产品方面,产消合一逻辑下的产品同商品主导逻辑一样具有多样性、安全性和易用性之外,产消合一逻辑下的产品融合了 B2P(企业对个人)和 P2P(个人对个人)。在商品主导逻辑下,产品不是 B2P 就是 P2P,并不会融二者合一。此外,产消合一逻辑下的产品对商品主导逻辑下的产品通常具有颠覆性。定价方面,产消合一逻辑下的定价策略化繁为简,回应了商品主导逻辑下最理想的经典定价模型——供需平衡定价,并兼具互联网免费经济的倾向——低价。产消合一逻辑下的促销模式与商品主导逻辑下的促销模式基本一致,但其互联网经济的特征很明显——向产消者提供补贴。基于产消合一逻辑的渠道无论是网站还是 App 都是虚拟的,商品主导逻辑下通常为有形渠道。

市场绩效。基于产消合一逻辑,品牌市场绩效所采用的评价方法同商品主导逻辑趋同，即营业收入、市场覆盖和市场份额。但与商品主导逻辑下不同的是，大部分产消合一逻辑下红得发紫的品牌就算具有营业收入也是无法盈利的，但他们却能屹立不倒，这在商品主导逻辑下很少出现。

资本运作。在产消合一逻辑与商品主导逻辑下，品牌所产生的价值最终都能转化为金钱。与商品主导逻辑不同的是，成功的产消品牌就算常年无法盈利，仍能顺利收入大笔融资，在资本市场上如鱼得水，获得巨额估值。

(3) 揭示了产消合一逻辑下价值传导的水波效应。

品牌与品牌利益相关者，尤其是产消者的每一次互动如水面投入了石子，水波（价值）不断放大，并不断传递出去，扩散开来。以基于产消合一逻辑的品牌价值网为例，以产消者为主体的品牌利益相关者与品牌在研发阶段的价值共创（例如，小猪短租培养种子房东，0－1阶段）在激发品牌价值在研发阶段增长的同时，还将价值扩大传递到营销阶段（例如，种子房东激发了房东和房客的大量新增，1－100阶段）；而在营销阶段，以产消者为主体的品牌利益相关者与品牌继续互动（例如，小猪短租的地推活动）品牌价值继续累积。以此类推，品牌价值的传导存在着水波效应，一石激起千层浪，价值在整个基于产消逻辑的品牌价值生态系统极速增长。这可以解释，为何互联网产消品牌更容易获得短平快的成功，例如，Airbnb、Uber，但并且也很容易倒闭，例如，各类昙花一现的P2P平台。

6.5.2 利益相关者的价值共创分析

本研究发现，产消逻辑下价值共创与其他逻辑相比具有以下特点。

(1) 在产消逻辑下，价值创造方式改变，生产与消费的融合使得商品主导逻辑失灵，价值创造过程中企业与顾客之间主导与从属地位之分已不再明显。

在商品主导逻辑下，生产与消费割裂，研究者们认为价值创造主要发生在两个阶段，企业生产过程中的价值创造和顾客消费过程中的价值创造。在商品主导逻辑下，企业生产过程阶段，企业是价值创造的主导者，消费者是创造的参与者。在服务主导逻辑下，学者们已对顾客在价值创造中所发挥的主体积极作用达成共识，但这一共识仅仅揭露价值共创的冰山一角。顾客消费过程阶段，在服务主导逻辑下，顾客是价值创造的主导者，而企业是价值创造的参与者。可是在产消逻辑下，生产与消费是融合合一的过程，无法割裂，产消者与品牌不存在谁是主导者谁是协助者，产消者与品牌在价值过程中的地位是均等。从研发、营销到价值传导的市场绩效、资本运作阶段，产消者环环参与，与品牌不断互动，不断放大品牌价值。

（2）服务主导逻辑保守地挑战了商品主导逻辑，指出服务主导逻辑下价值共创主体主要为企业和顾客；在产消合一逻辑下，价值共创的主体为品牌（企业）、产消者以及产消者以外的品牌利益相关者。

简而言之，在产消合一逻辑下，品牌利益相关者作为价值共创主体地位凸显。文献综述发现品牌价值评估主体由传统的企业、顾客扩展到了企业、品牌利益相关者的趋势。该趋势背后的原因正是本节的研究发现——价值的创造者从传统的企业、顾客扩展到了企业、品牌利益相关者，品牌也认识到投资者、合作者、竞争者、政府、员工在价值创造过程中所发挥的重要作用。本研究将价值共创界定为品牌与产消者以及产消者以外的品牌利益相关者（投资者、合作者、竞争者、政府和员工）互动，共同创造价值。

（3）产消合一逻辑下价值共创的方式改变，导致价值共创的评估视角改变，价值共创的测量从中观产业层面出发，包括产消规模、盈利模式、效率和供给侧开发四个维度。

服务主导逻辑下的研究认为，企业与顾客价值共创的成果是享乐价值和功能价值，这些价值都是针对微观的顾客而言。相应地，企业与顾客价值共创的评估、测量是从顾客的角度出发，从共同创造（包括知识、权益和互动）以及使用价值（包括体验、定制化、和关系）等维度来测量价值共创，少有研究关注价值共创的另一主体——品牌，更少有研究能关注到品牌利益相关者，更少有研究能跳出微观层面，从中观产业的视角来测评价值共创。产消合一逻辑下，价值共创的主体不仅仅是顾客，更是包括产消者在内的品牌利益相关者，价值共创的成果不仅包括使用价值，还包括交换价值，不仅包括品牌与产消者价值共创的成果，还包括品牌与产消者以外的品牌利益相关者——投资者、合作者、竞争者、政府和员工共创产生的价值。

此外，本研究发现，价值共创的成果还受到环境的影响。因此，本研究立足企业，提出产消合一逻辑下，品牌与其利益相关者价值共创的评估维度包括产消规模、盈利模式、效率和供给侧开发。产消规模、盈利模式、效率反映了产消者与品牌利益相关者循环互动的结果，供给侧开发着重强调了产消者作为生产力对创新、创造市场供给的贡献作用。

（4）产消合一逻辑下以产消者为主体的品牌利益相关者与品牌价值共创的范畴大于服务主导逻辑下顾客与品牌价值共创的范畴。

产消合一逻辑下，以产消者为主体的品牌利益相关者与品牌互动的成果是品牌价值。将产消合一逻辑下的品牌价值维度对应的测量题项，以及本研究凝练基于产消合一逻辑的品牌价值所采用的原材料语句，与 Ranjan 和 Read（2016）总结商品主导逻辑下价值共创研究构建的量表对比发现，三者相似度很高，但 Ranjan 和 Read（2016）量表所涵盖的范畴更小。Ranjan 和 Read（2016）构建的价值共创量表综合了以下品牌价值维度的量表题项：品牌体验、品牌承诺、品牌依恋、感知价值、感知质量、品牌满意、品牌忠诚，未测量的维度包括品牌意识（联想）、品牌形象、品牌信任、品牌态度、品牌推崇和品牌公民行为。

第7章 平台品牌价值形成路径探索性研究

在Web2.0的环境下，一批企业依赖互联网的发展，通过用户生成内容等产消共享机制快速地实现了自身平台的崛起。那么，如何进一步释放该类平台的网络效应并实现价值共创是摆在这类企业面前需要思考的重要问题。服务主导逻辑虽然通过命题形式勾勒了平台品牌价值共创的逻辑框架，但是这些命题仅描述了价值共创的首尾环节，并未置于互联网环境下对其进行操作性的定义和测量。对于技术环境下用户行为考察，以往多用行为学派理论的"技术特征→用户态度信念→用户使用行为→用户绩效"因果链加以概括；然而，有学者认为个人有时使用技术是出于工作要求而并非出于主观信念。为此，任务技术匹配理论整合了两者观点，全面阐述任务技术与用户绩效的关系；这也是本研究在共享经济的平台环境下探讨平台品牌价值共创机制的重要研究前提。

除了共享经济的平台外部技术环境因素之外，还需考虑平台自身的特征。与传统经济模式相比，共享经济网络平台的盈利模式不在于提供中介服务赚取佣金，更重要的在于打造出完善的"平台生态圈"并形成资源互换的价值闭环。依据Vargo和Lusch提出的服务主导逻辑，可以将"平台生态圈"视为"服务生态系统"。具体地讲，该平台系统是不同的社会性和经济性行动主体基于自发感应和响应，根据各自的价值主张，以平台所构建的机制、技术和共同语言为依托，为了资源共享、价值共创而进行互动的松散耦合型时空结构。也即，共享经济的平台主要是为了资源共享和价值共创而构建的服务生态圈。可以看出，平台品牌价值共创的影响因素除了社会支持、顾客互动、平台技术复杂性和多边市场主体协作之外，还涉及很多方面。

通过第五章提出的平台品牌价值共创概念模型，可以看出，平台品牌价值共创是一个多主体协同的过程。作者研究团队通过多年实践，将研究聚焦于产消者与平台互动的过程，探索产消合一视角下平台品牌价值共创微观机制。本章主要从平台品牌价值维度和形成路径两方面入手，将本研究团队所做的一些探索性实证研究的结果与读者做一些分享。

7.1 产消合一视角下的平台品牌价值维度再构的实证探索

尽管品牌体验、品牌知识、品牌关系质量、品牌推崇与品牌公民行为这些维度是通过扎根得到的，但根据其下主题与各自主题所描述的内容，类似的经典研究成果依然有迹可循。

在品牌知识、品牌关系质量、品牌推崇维度中，通过对比其下主题与经典量表中对题项所测问题的描述，借鉴了 Aaker（1996）、Yoo 和 Donthu（2001）、Thomson 和 Macinnis & Park（2005）、何佳讯（2006）的部分品牌价值维度测度题项；在品牌体验与品牌公民行为维度，由于缺少与该维度下主题内涵完全匹配的量表支持，本研究团队成员杨睿依据主题描述分别开发了 5 个题项与 3 个题项，以对这两个潜变量进行测量，最终得到初始测度量表。

根据品牌价值五维度量表所回收数据，研究首先进行了信度与效度检验，其中 Cronbach's $\alpha = 0.896 > 0.8$ 体现出数据具有较高的可靠性，KMO $= 0.744$（>0.5），$p < 0.001$ 的水平下 χ^2 不显著体现出问卷结构效度良好。

接下来对 5 维度的 21 个测量项进行 EFA，设置路径系数为 1，通过主成分法对题项测量结果进行因子提取，基于此前团队扎根研究的成果，本研究尝试提取 5 个因子，评估各题项能否较好地测度 5 个潜变量（表 7.1）。

表7.1 品牌价值因子提取结果

成分	初始特征值 合计	初始特征值 方差(%)	初始特征值 累积(%)	提取平方和载入 合计	提取平方和载入 方差(%)	提取平方和载入 累积(%)	旋转平方和载入 合计	旋转平方和载入 方差(%)	旋转平方和载入 累积(%)
1	13.100	62.383	62.383	13.100	62.383	62.383	5.978	28.466	28.466
2	1.590	7.571	69.954	1.590	7.571	69.954	3.595	17.121	45.587
3	1.194	5.685	75.639	1.194	5.685	75.639	3.120	14.858	60.445
4	.964	4.593	80.232	.964	4.593	80.232	2.795	13.308	
5	.832	3.960	84.192	.832	3.960	84.192	2.192	10.440	
6	.595	2.833	87.025						
7	.504	2.402	89.427						
8	.399	1.901	91.327						
9	.373	1.776	93.103						
10	.327	1.556	94.660						
11	.214	1.017	95.676						
12	.197	.938	96.615						
13	.142	.679	97.293						
14	.117	.559	97.852						
15	.107	.509	98.361						
16	.099	.472	98.832						
17	.086	.410	99.242						
18	.070	.335	99.577						
19	.042	.198	99.775						
20	.030	.143	99.918						
21	.017	.082	100.000						

由因子提取结果中可以看出,尽管存在2个特征值小于1的因子,但特征值处于一个0.8以上的水平尚属合理,且5个因子能够解释全部题项的84.192%的方差,有较强的解释力。同时在初步 EFA 结果中,有两个题项(KEX5、BRQ4)在各因子的路径系数上较小或存在两个或两个以上的因子载荷相差不明显,将此二项删去后再次进行 EFA,得到如下结果(表7.2),尽管存在部分题项因子载荷仍不十分理想,但考虑到划分维度与测度项较多,测度项在单因子0.6以上的载荷水平且能明显区别于其他因子已经是一个较为不错的结果,因此5个潜变量的维度结构较为合理,接下来将对其进行进一步检验。

表7.2　品牌价值各因子成分

	成分				
	1	2	3	4	5
BK5	.836	.222	.195	.261	.163
BK4	.823	.184	.221	.071	.367
BK1	.768	.387	.333	.152	.085
BK2	.715	.470	.289	.200	.165
BK3	.675	.328	.362	.370	.162
BEX3	.425	.738	.260	.081	.264
BEX4	.175	.733	.056	.366	.341
BEX2	.570	.664	.213	.158	.047
BEX1	.416	.637	.292	.112	.204
BES1	.258	.057	.832	.305	.226
BES2	.215	.224	.770	.383	.128
BES3	.334	.267	.770	-.003	.033
BES4	.270	.403	.719	.265	.127
BRQ1	.079	.107	.216	.896	.090
BRQ2	.368	.475	.094	.638	.132

续表

	成份				
	1	2	3	4	5
BRQ3	.437	.215	.302	.605	.179
BCB1	.261	.175	.093	.133	.857
BCB2	.231	.362	.281	.165	.676
BCB3	.417	.245	.224	.150	.715

研究通过 AMOS21.0 对两组测度项进行验证性因子分析（CFA），以确认通过 EFA 得出的因子结构是否合理。在 AMOS 中建立二维模型并设置标显变量指向潜变量方差为 1，导入数据后，输出项选择标准化路径系数（Standardized estimates，载荷）与修正指数（Modification indices），以载荷与其他适配指标判断模型拟合度，若模型拟合不理想，则借助修正指数对模型进行修正，品牌价值五个维度的潜变量 CFA 结构如表。

表 7.3 品牌价值维度潜变量 CFA 结果

题项	载荷	t – Value	拟合适配指数
BEX1	0.791	5.834***	
BEX2	0.877	6.852***	$\chi^2 = 171$，df = 142
BEX3	0.916	7.367***	RMSEA = 0.065
BEX4	0.759	5.492***	CFI = 0.982
BK1	0.907	7.350***	SRMR = 0.053
BK2	0.927	7.630***	
BK3	0.911	7.405***	
BK4	0.873	6.887***	
BK5	0.887	7.073***	
BRQ1	0.664	4.497***	
BRQ2	0.800	5.812***	
BRQ3	0.899	6.914***	
BES1	0.679	4.741***	

续表

题项	载荷	t－Value	拟合适配指数
BES2	0.678	4.724***	
BES3	0.662	4.582***	
BES4	0.909	7.246***	
BCB1	0.620	4.206***	
BCB2	0.702	4.933***	
BCB3	0.957	7.791***	

***p<0.001

由结果可看出，两个潜变量指向各自题项的标准路径化系数均为显著的，且载荷均在0.6的水平以上说明潜变量的因子结构较为明显，同样验证了量表具有较好的结构效度。在模型拟合指标方面，除了因统计量与样本数量导致绝对适配指标 χ^2 相对较大，RMSEA、SRMR 以及增量适配指标 CFI 均处于良好的拟合范围内。修正指数方面，由于探索性因子分析中已将偏差较为明显的测量项加以调整，同样不存在较为突出的需修正项，因此对潜变量因子结构不再进行调整。

综上，平台品牌价值整体概念下的五个维度与结构特征得以初步证明，主研究中将此研究结果与之前研究中产消者价值整体概念下的两个一阶构念相结合，以探究产消逻辑下此类平台品牌价值的形成过程。

7.2 产消视角下平台品牌价值形成微观路径探索

平台需求方即产消者通过品牌融入平台与平台供给方直接互动过程中产生的一系列感官、思考、情感、行为和社交体验，从而构成了品牌体验，供需双方基于品牌体验共创价值。产消者在价值共创的过程中，会产生一系列产消行为，根据 Web2.0 环境下的产消行为研究模型可知，产消行为包括产品消费、内容生产、信息传播、信息使用和个体发展。产消者不仅消费产品，而且生成

<<< 第二篇 从"价值创造"到"价值共创":平台价值共创机制探索

内容,如产品体验评价,设计建议等。产消者生成的内容会在品牌社区或社交媒体中进行传播互动(点赞、收藏),普通产消者也会使用高阶产消者生成的内容进行消费决策,这些高阶产消者能提升权威性和获得收益,普通产消者能积累知识和获得朋友,从而实现个体发展。研究团队采用平台品牌价值维度构念的质性研究的数据和方法,通过扎根研究得出平台品牌价值维度路径模型,发现产消行为对平台品牌价值产生影响。这正是对平台品牌价值共创概念模型的右上方的研究(图7.1第一象限的部分)。从而构建出产消合一视角下的平台品牌价值共创微观路径模型(如图7.2)。

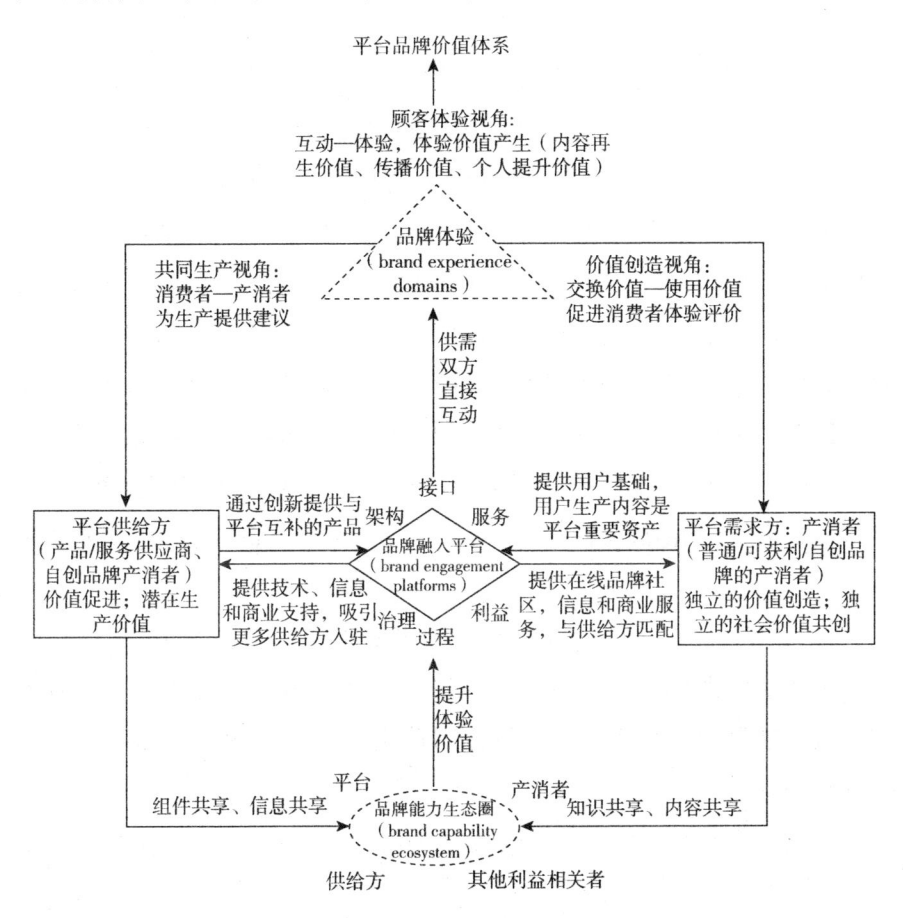

图 7.1 平台品牌价值共创微观机理研究区域(第一象限部分)

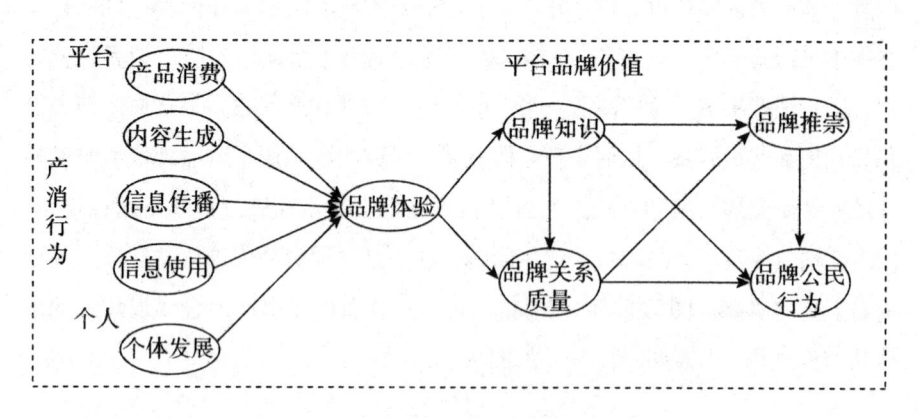

图7.2 产消视角下的平台品牌价值形成微观路径模型

通过该模型可见，供需双方共创品牌价值的重要模式是"用户生成内容"，其他产消行为也会对品牌体验产生影响。品牌体验将催生品牌知识与品牌关系质量的形成。品牌体验是产生品牌知识和品牌关系质量的前提条件，品牌体验激发了品牌知识和品牌关系质量的形成；品牌体验可以直接影响品牌推崇和品牌公民行为，也可以通过品牌知识和品牌关系质量间接影响品牌推崇和品牌公民行为；品牌知识可以直接影响品牌推崇和品牌公民行为，也可以通过品牌关系质量的中介作用，间接促进品牌推崇和品牌公民行为的形成；品牌推崇和品牌公民行为是品牌关系质量提升的结果；品牌推崇可以影响品牌公民行为；品牌推崇和品牌公民行为能够激发品牌体验。

在上述研究的基础上，考虑到产消者所感受到的内容的效用是如何一步步催生品牌价值的产生以及不同维度间是如何相互作用的，从描述这一微观过程的角度入手，本研究团队进一步研究构建了如下概念模型(图7.3)。

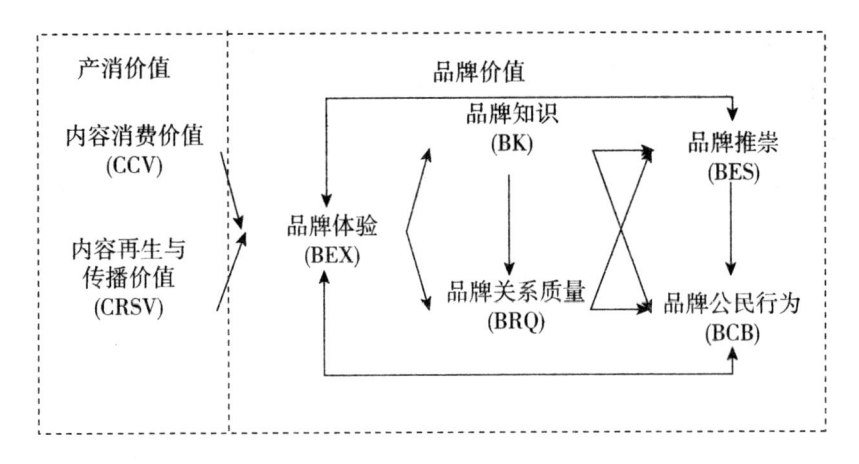

图 7.3　概念模型

为了方便研究假设的提出与理论描述，此处将其递进关系进行维度划分与命名。首先，品牌体验为感观层面，是产消者对品牌在思考、情感等方面的直观社交体验；品牌知识与品牌关系质量归纳为关系层面，是产消者对品牌更为深度的认识与情感联结；品牌推崇与品牌公民行为隶属于行为层面，是产消者对品牌具备足够的情感深度的情况下由行为动机所激发的与品牌相关的各种正向行为。

以上维度划分符合传统研究中的"感官－认识－动机－行为"的主流因果链的共识，同时这一关系与模型路径的方向相吻合，一定程度上为模型中关系的构建提供了理论依据。相关实证研究还在进行之中。

7.3　产消者与品牌价值共创

互联网产消者同时进行着信息内容生产和消费的活动，并且置身于互联网环境中，产消者同时也是网站技术的使用者。为了探索产消者活动与平台品牌价值形成的逻辑关系，本研究团队成员韦骁勇以知识分享型 SNS 为研究对象，讨论网站提供的内容获取和分享等功能如何导致产消者的认知锁定，以及产消者如何感知知识分享型 SNS 中的内容价值，这些微观层面的机制如何对网站品牌价值的形成以及商务模式的实施结果造成影响。通过应用 Zeithaml"质量－价值－行为"的手段－目的链模型，研究在理论推演的基础上建立起研究变量间的一系列假设关系，这些假设关系构成的概念模型如图 7.4 所示。

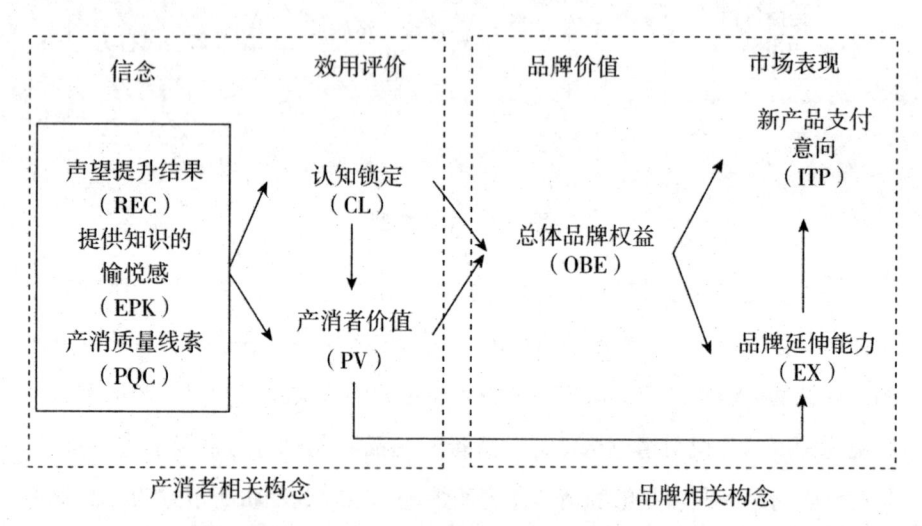

图 7.4　产消者与品牌价值共创概念模型

7.3.1　研究假设

基于上述概念模型，本研究从认知锁定的产生与作用、产消者价值的产生与作用、网站品牌价值的作用三个层面确定假设关系。

（1）认知锁定的产生与作用

假设 1　产消质量线索正向影响认知锁定

描述：在知识分享型 SNS 中，用户通过产消质量线索来判断网站中的内容质量，并且随着用户数量的增加，网络经济带来的正反馈（Positive Feedback）和外部性（Externality）会有效减少使用者的学习和搜索成本，使用经验的积累能够使他们形成对内容质量的信念，降低他们在判断内容质量上需要投入的认知成本。

假设2　声望提升结果正向影响认知锁定

描述：产消者会通过使用知识分享型SNS的内容生产功能来获得心理上的满足。在SNS的社会互动中，产消者可以通过提供高质量的内容来获得社会声望的提升，产消者感知到的声望提升结果是其在网站中内容生产活动的结果，是产消者对其通过内容生产获得的地位和尊重的一种知觉。

假设3　提供知识的愉悦感正向影响认知锁定

描述：有关知识分享的文献已经证实，通过帮助他人而为自身带来的快乐和愉悦感是影响知识分享行为的重要因素，这是因为使用者也希望通过向他人共享知识来获得内在收益，这种发自内心的愉快体验和以上的这些具有工具性特征的行为所能达到的结果并不相同，从而能为个体带来不同的满足。

假设4　认知锁定正向影响总体品牌权益

描述：在知识分享型SNS中，随着使用经验的积累，使用者会更了解网站的功能属性以及使用方法，因此更强的认知锁定代表着使用者将网站功能与其特定的使用目标置于更强的联想中，从而促进品牌权益的产生。

（2）产消者价值的产生与作用

假设5　认知锁定正向影响产消者价值

描述：产消者建立起对经常使用的网站的认知锁定，这使他们能够更有效率地完成信息的搜索和评价工作，而认知成本的降低能够减少产消者对感知付出的判断，并且使用者对经常使用的网站更为熟悉，使用经验的积累会让他们更容易发现有价值的内容，从而提高他们对网站价值的主观评价。

假设6　产消质量线索正向影响产消者价值

描述：消费者通过低层属性线索来判断网站中内容的质量，高质量的网站内容能够提高他们对收益的判断。最后，在产消者对收益和付出进行权衡时，认知成本的降低和收益的提高会导致其感知到更高的价值。因此，认知锁定和产消质量线索都对产消者价值具有积极贡献。

假设7　声望提升结果正向影响产消者价值

描述：除了与产品有关的属性因素外，一些高度抽象概念（High-level Abstraction）也会对感知价值造成影响。消费者会通过不同的抽象水平来组织信息，包括简单的产品属性直至复杂的个人价值。

假设8　提供知识的愉悦感正向影响产消者价值

描述：在知识分享型 SNS 中，声望提升和提供知识的愉悦感正属于这样的高度抽象概念。通过分享知识而得到他人认可的产消者会对使用网站内容获得的价值给予更高的评价。同样，因感受到愉悦感而达到心理满足的产消者也会更积极地评价网站内容的价值。

假设9　产消者价值正向影响总体品牌权益

描述：感知价值是影响顾客忠诚的重要因素，并且能使消费者产生更为积极的行为反应。基于这些原因，产消者价值会对品牌权益做出直接的积极贡献。

（3）网站品牌价值的作用

假设10　总体品牌权益正向影响品牌延伸能力

正面的品牌权益会带来消费者更为积极的反应，品牌权益在消费者的品牌选择和购买行为方面具有重要的预测意义。

假设11　总体品牌权益正向影响新产品支付意向

对知识分享型 SNS 而言，其品牌的市场产出并非直接通过向使用者销售产品实现，而更有可能体现为使用者对品牌延伸（Extension）的认可和对新产品的支付意向（Intent To Pay For New Product）。

假设12　产消者价值正向影响品牌延伸能力

描述：品牌质量在延伸的互补性（Complement）和替代性（Substitute）前提下能够显著提高消费者对品牌延伸的态度。

假设13　品牌延伸能力正向影响新产品支付意向

描述：消费者从既有品牌中获得较高的价值，他们更可能对品牌在相关领域中的延伸能力给予积极评价，而一旦品牌延伸获得了消费者的青睐，消费者便更有意向为此支付费用。

7.3.2 样本选取及变量设计

（1）研究方法与样本来源

本研究以知乎和果壳的网站用户作为调查对象进行问卷调查。知乎网和果壳网是国内最为典型的知识分享型SNS，因此将这两个网站的用户作为调查对象最能支持本研究。研究者将以心理测量的方法测量被调查者对测量项目的反应，然后通过统计分析来检验构念间的假设关系。通过预研究的分析结果，研究者完成了用于测量产消者价值和产消质量线索的两组测量项目的开发工作，这些测量项目将被应用到接下来的主研究中。

（2）研究变量及操作化

研究的概念模型中共包含8个构念，这些构念全部都被作为单维构念进行概念化和操作化。声望提升结果和提供知识的愉悦感的测量项主要参考了IS领域的文献，声望提升结果采用来自Jin等人的量表进行测量，而提供知识的愉悦感是一个针对内在收益的信念，对提供知识的愉悦感进行测量的题项参考了Davis等人以及Thong等人关于技术使用信念的研究。研究者对这些量表的语句进行了一定的修改，使其适应本研究环境。认知锁定和品牌相关构念的测量题项主要参考营销学领域的文献。认知锁定采用Shih设计的3项反映型测量题项进行测量，网站的总体品牌权益采用Yoo和Donthu开发和验证的4题项总体品牌权益量表进行测量。在品牌的市场表现方面，品牌延伸能力的测量项参考了王海忠等人在中国品牌管理情景下设计的量表，而新产品支付意向参考了Netemeyer等人对消费者反应进行测量时采用的购买意向测量量表，这两个构念的测量项也由研究者进行了适当的修改以适应本研究的环境。此外，产消质量线索和产消者价值两个新构念均采用本研究开发和验证的量表进行测量。

整个调查共持续两个星期，回收到306份应答，剔除101份填写不符合样本要求的问卷，最后保留205位受访者的应答作为主研究的样本。

7.3.3 实证结果分析

(1) 样本情况与无应答偏差

有效样本中男性占 52.68%，平均年龄 24.29 周岁，其中 90.24% 已经取得或正在攻读大学本科学士学位，平均每月可支配收入为 3364.92 元，75.61% 的应答者是知乎用户，50.73% 的应答者具有一年以上的知乎或果壳使用经历。从样本特征来看，这是一个年轻且普遍具有较高教育水平的群体，其每月可支配收入居于中等水平，较为符合实际情况。研究采用 χ2 检验对比了未能进入有效样本中的应答者与有效样本中的应答者在人口统计变量上的分布特征，均未发现显著的差异（$p > 0.05$），可以认为本次抽样并没有受到明显的无应答偏差（Non-response Bias）的影响。

(2) 变量预分析

研究采用基于协方差的结构方程模型（CB-SEM）来检验研究假设。多元正态分布假定（Multivariate Normal Distribution Assumption）是采用极大似然法（Maximum Likelihood）进行参数估计的前提，因此研究首先要对样本分布的多元正态性进行判断。各观测变量的偏度（Skewness）范围在 -0.090 到 -0.930 之间，而峰度（kurtosis）在 -0.859 到 1.091，均处于可接受的范围，观察各观测变量的分布形态也没有发现违反正态性的极端情况出现。因此，可以采用极大似然估计进行 SEM 分析。然后，研究者以主研究的样本对新开发的量表再次进行 CFA，在进行题项净化后，所有的模型都能达到较好的拟合适配情况。在保证每个构念都由 3 个以上的观测变量进行测量的前提下，研究的样本量已经能够满足达到迭代收敛和获得正确的方程解的样本要求（$N > 150$）。采取相同的方式进行的心理测量实验容易产生共同方法偏差（Common Method Bias），因此研究采用了事前和事后两种方法来减少 CMB 的不良影响。研究者选择了不同的时段来发送问卷链接，问卷中还以随机顺序的方式显示各量表测项，降低应答者对各个测项间逻辑关系的猜测。在事后控制部分，采取两种统计方法定量评估 CMB 的影响。Harman 的单因素检验表明,包含所有测项的探索性因子分析能够提取出多个因子,第一因子不能解释绝大部分的变异。然后,在 SEM 中进行包含方法因子的 CFA,即允许所有题项在其测量的构念和方法因子上共同具有载荷,结果表明来自方法因子的载荷都较低,并且大多数都不显著。可见,研究的测量结果并未受到明显的 CMB 影响。

(3)测量模型分析

研究采用 AMOS18.0 进行结构方程模型的分析,基于 Anderson 与 Gerbing 的两步法(two-step approach),研究先对包含全部 8 个理论构念的测量模型(measurement model)进行拟合,如果对测量模型的拟合结果可以接受,再进行结构模型的检验。测量模型的结构如图 7.5 所示,这个模型将对所有理论构念间的相关系数进行自由估计。

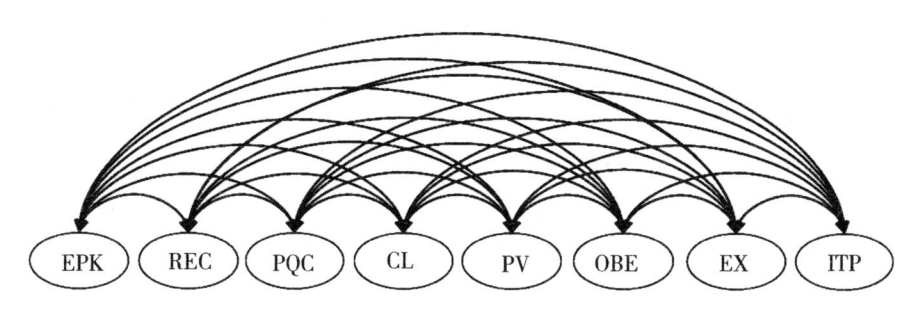

图 7.5 测量模型图示

表 7.4 归纳了测量模型进行 CFA 的拟合结果,并报告了各个理论构念的相关心理测量值(psychometric properties),包括 Cronbach's α,平均方差提取量(AVE)以及组合信度(CR)。所有构念的 AVE 均达到了 0.5 以上,CR 均达到了 0.6 以上,符合心理测量的基本要求。同时,测量模型表现出较好的拟合情况,多个拟合适配指标均在可以接受的范围内,虽然 CFI、TLI 略低于 0.95 的理想值,但在观测变量达到 30 个时,接近 0.92 的 CFI、TLI 是可以接受的。由于研究模型中共包含 28 个观测变量,因此稍低的 CFI 和 TLI 尚属合理。综合以上,测量模型拟合情况可以接受,可以进一步检验结构模型。

表7.4 测量模型 CFA

	载荷	标准误差	t - value
REC (Cronbach's α = 0.868 AVE = 0.695 CR = 0.872)			
REC1	0.829	0.085	13.866***
REC2	0.891	0.083	15.405***
REC3	0.777	0.089	12.639***
EPK (Cronbach's α = 0.793 AVE = 0.567 CR = 0.797)			
EPK1	0.750	0.076	11.754***
EPK2	0.795	0.070	12.720***
EPK3	0.711	0.077	10.946***
PQC (Cronbach's α = 0.858 AVE = 0.615 CR = 0.864)			
PQC1	0.715	0.071	11.349***
PQC2	0.848	0.071	14.540***
PQC3	0.852	0.066	14.654***
PQC4	0.710	0.073	11.250***
CL (Cronbach's α = 0.793 AVE = 0.572 CR = 0.799)			
CL1	0.785	0.077	12.668***
CL2	0.806	0.069	13.144***
CL3	0.670	0.081	10.224***
VP (Cronbach's α = 0.852 AVE = 0.545 CR = 0.856)			
VP1	0.755	0.073	12.263***
VP2	0.805	0.073	13.456***
VP3	0.644	0.093	9.911***
VP4	0.760	0.073	12.368***
VP5	0.717	0.073	11.409***
OBE (Cronbach's α = 0.846 AVE = 0.589 CR = 0.850)			
OBE1	0.656	0.084	10.034***
OBE2	0.844	0.079	14.234***
OBE3	0.799	0.083	13.146***
OBE4	0.758	0.083	12.186***

续表

	载荷	标准误差	t-value
ITP (Cronbach's α = 0.911 AVE = 0.775 CR = 0.912)			
ITP1	0.891	0.084	15.828***
ITP2	0.890	0.089	15.790***
ITP3	0.860	0.084	14.985***
EX (Cronbach'sα = 0.844 AVE = 0.655 CR = 0.849)			
EX1	0.779	0.075	12.786***
EX2	0.927	0.074	16.541***
EX3	0.706	0.080	11.177***
Model fit		$\chi_2 = 603.528$ (df = 322, p < 0.001), $\chi_2/df = 1.874$, CFI = 0.921, TLI = 0.907, RMSEA = 0.065, SRMR = 0.058	

***p < 0.001

由于研究模型中存在两个全新的理论构念，因此对理论构念间区别效度的检验变得非常重要。基于这个原因，研究采用多种方法对潜在变量间的区别效度进行评判。首先，在潜在变量相关系数的估计结果中，所有潜在变量间的相关系数均在 0.001 水平上显著，虽然有 3 对潜在变量的相关系数达到了 0.75 以上，但并没有相关系数超过 0.8（高度相关）的情况出现。然后，在测量模型中逐次将两个潜在变量间的相关系数限制为 1，以 $\Delta\chi_2$ 统计量的显著性来判断两个潜在变量间是否存在明显的差异，如果限制模型相对自由估计模型具有明显的 χ_2 增加，则可以认为两个潜在变量具有一定的区别效度。最后，通过 bootstrap 的重复抽样方法（N = 500）生成所有潜在变量之间相关系数的 95% 的置信区间，如果这些置信区间不包含 1，那么两个构念间的区别效度也能够得到证实。这一系列检验的结果如表 7.5 所示，表中的置信区间是采用偏差矫正分位数法（bias-corrected percentile method）进行估计的结果。所有相关系数的置信区间都不包含 1，并且当某一相关系数被限制为 1 后，限制模型与自由估计模型相比 χ_2 的差异均非常大，限制模型中有非常明显的 χ_2 值增加，综合而言各个潜在变量之间具有足够的差异。据此，可以确认模型中各个理论构念具有足够的区别效度。

表 7.5 区别效度检验

	相关系数	95%置信区间	$\Delta\chi^2$		相关系数	95%置信区间	$\Delta\chi^2$
REC + PQC	0.403	[0.266, 0.544]	254.6***	PQC + OBE	0.545	[0.380, 0.693]	191.0***
EPK + PQC	0.723	[0.597, 0.831]	65.2***	PQC + VP	0.767	[0.632, 0.869]	80.0***
EPK + REC	0.581	[0.460, 0.698]	108.1***	PQC + EX	0.594	[0.453, 0.707]	154.7***
REC + ITP	0.459	[0.319, 0.586]	238.5***	PQC + ITP	0.267	[0.115, 0.410]	334.7***
REC + CL	0.458	[0.310, 0.617]	139.4***	CL + VP	0.765	[0.653, 0.853]	53.1***
REC + OBE	0.429	[0.272, 0.595]	242.4***	VP + OBE	0.727	[0.605, 0.817]	102.1***
REC + EX	0.581	[0.477, 0.699]	167.7***	VP + EX	0.625	[0.462, 0.735]	142.8***
REC + VP	0.534	[0.398, 0.682]	204.8***	VP + ITP	0.417	[0.286, 0.555]	318.3***
CL + EPK	0.695	[0.541, 0.808]	58.4***	CL + ITP	0.417	[0.280, 0.567]	154.4***
OBE + EPK	0.466	[0.298, 0.629]	134.2***	CL + OBE	0.663	[0.517, 0.801]	83.9***
ITP + EPK	0.306	[0.146, 0.459]	163.9***	CL + EX	0.700	[0.572, 0.806]	73.4***
EX + EPK	0.486	[0.316, 0.628]	130.4***	OBE + ITP	0.480	[0.338, 0.617]	232.9***
VP + EPK	0.793	[0.664, 0.885]	41.9***	OBE + EX	0.665	[0.510, 0.802]	127.4***
CL + PQC	0.796	[0.700, 0.887]	43.4***	ITP + EX	0.564	[0.444, 0.678]	191.1***

*** $p < 0.001$

(4) 结构模型分析

结构模型的路径系数估计结果如图 7.6 所示。在拟合的适配指数方面，χ2 = 660.374（df = 334，p < 0.001），χ2/df = 1.977，RMSEA = 0.069，SRMR = 0.069。尽管 χ2 统计量拒绝了假设模型的理想拟合，但 χ2 统计量对样本量过于敏感，在样本量增加的情况下很容易拒绝假设模型，因此需要考虑其他拟合适配指数提供的信息。相对之下，模型的 χ2/df 小于 3，RMSEA 和 SRMR 小于 0.08，基本上处于可以接受的范围。此外，相对适配指数中的 CFI（0.909）TLI（0.896）对判断模型的拟合情况具有非常重要的参考意义，这两个适配指数均处于可以接受（大于或接近 0.9）的范围内，特别值得一提的是 CFI 几乎是受样本容量影响最小的适配指数。综合而言，假设模型具有相对良好的拟合适配情况。

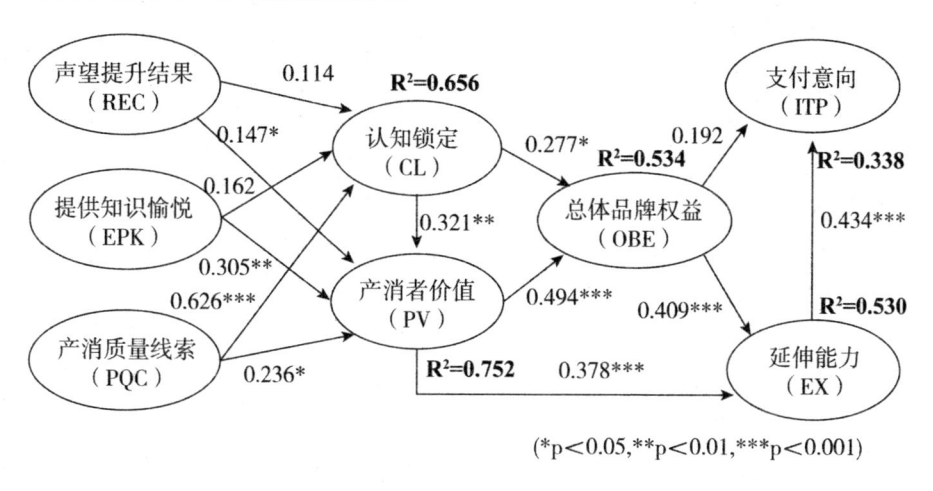

图 7.6 结构模型估计结果

产消质量线索对认知锁定的影响是显著的（β1 = 0.626，p < 0.001），证实 H1，但声望提升结果（β2 = 0.114，p > 0.05）、提供知识的愉悦（β3 = 0.162，p > 0.05）对认知锁定均没有明显作用，H2、H3 未受支持。H4 认为认知锁定能够显著提升总体品牌权益（β4 = 0.277，p < 0.05），这也得到了数据的支持。另一方面，认知锁定（β5 = 0.321，p < 0.01）、产消质量线索

($\beta6 = 0.236$, $p < 0.05$)、声望提升结果($\beta7 = 0.147$, $p < 0.05$)、提供知识的愉悦($\beta8 = 0.305$, $p < 0.01$)对产消者价值均有显著的积极作用,H5~H8均得到数据支持。H9指出产消者价值能够有效提升总体品牌权益($\beta9 = 0.494$, $p < 0.001$),也被统计分析所证实。最后,总体品牌权益能够显著提高消费者对品牌延伸能力的认可($\beta10 = 0.409$, $p < 0.001$),但却不能直接增强消费者对新产品的付费意向($\beta11 = 0.192$, $p > 0.05$)因此H10被支持而H11未受支持。产消者价值能够显著提高品牌延伸能力($\beta12 = 0.378$, $p < 0.001$),H12得到支持,并且消费者对品牌向相关领域延伸的认可越高,他们就越有意向为使用这个品牌的新产品支付费用($\beta13 = 0.434$, $p < 0.05$),H13得到支持。在模型中控制收入水平对支付意向的影响后($\beta14 = 0.156$, $p < 0.05$),总体品牌权益对支付意向的直接效应甚至变得更不显著($\beta'11 = 0.183$, $p > 0.05$),但品牌延伸能力对支付意向的影响仍然非常显著($\beta'13 = 0.423$, $p < 0.001$)。

Bootstrap重复抽样法($N = 500$)被用于检验模型中两条重要的中介路径,结果如表7.3所示,表中的置信区间是采用偏差矫正分位数法获得的估计结果。在总体品牌权益产生品牌延伸能力最后间接形成新产品支付意向的机制中,总体品牌权益间接效应的95%置信区间中不包含0,这支持中介效应的存在。类似地,产消者价值通过提高品牌延伸能力间接增强新产品支付意向的中介效应也得到了支持,其95%的置信区间内也不包含0。品牌延伸能力对总体品牌权益与新产品支付意向间的关系具有完全中介作用。

表7.3 中介效应检查

中介路径	效应量	95%置信区间
OBE→EX→ITP	0.177	[0.052, 0.586]
VP→EX→ITP	0.347	[0.155, 0.531]

(5)结果讨论及事后分析

研究中的大多数理论假设都得到了统计分析的支持,产消质量线索、提供知识的愉悦和声望提升结果都能对产消者价值带来显著的积极影响,并且产消者的认知锁定和感知到的产消者价值是知识分享型 SNS 网站品牌价值的重要来源,产消者价值和总体品牌权益又能成为网站品牌延伸和盈利的决定因素。但让人惊讶的是,作为一种社会性的因素,声望提升结果并不能显著提高使用者的认知锁定;同时,作为个人乐趣的满足,提供知识的愉悦感也并不能对认知锁定带来强化,这与先前研究的结论存在不一致。一种可能的解释在于研究选择的两个知识分享型 SNS 并不太注重社交因素,因此使用者对社会性结果导致的认知成本的知觉并不强烈。另一种可能的解释是,具有不同使用经验的产消者在社会声望和提供知识的乐趣方面具有不同的心理需要。研究对后一种可能的解释进行了一项事后(post hoc)分析,将样本依据使用网站的经历划分为使用 1 年以上的高经验用户组(N1 = 104)和使用 1 年及以下的低经验用户组(N2 = 101)。SEM 跨组分析表明,声望提升结果($\Delta\chi2 = 5.414$,$p < 0.05$)和提供知识的愉悦感($\Delta\chi2 = 6.614$,$p < 0.05$)在不同经验水平的用户分组中路径系数存在显著的差异,这证实使用经验对这两个变量具有明显的调节效应。具体而言,在低经验组用户中声望提升结果能够显著提高认知锁定,但提供知识的愉悦感的作用并不显著;在高经验组用户中,声望提升结果的作用变得不显著,但提供知识的愉悦感却能明显提高产消者的认知锁定。这表明,对刚开始使用知识分享型 SNS 的用户而言,通过生产内容带来社会声望是非常重要的,但对一个经验丰富的使用者而言,提供知识的愉悦感带来的心理满足才是维持其认知锁定的决定性因素。

7.4 管理启发

7.4.1 产消者如何创造品牌价值?

研究从 CBBE 角度对网站的品牌价值进行了概念化与操作化,并将网站总体品牌权益作为重要的解释对象。产消型网站仅仅提供内容生产工具以及一些基本服务,而网站的内容生产工作全部交由产消者自行完成,这些内容对网站的总体品牌权益产生了深远的影响。研究结果证实,产消者价值与认知锁定都能对知识分享型 SNS 的品牌价值带来非常积极的影响,并且产消者价值的作用更为突出。产消型网站中,产消者价值是网站品牌价值的最重要来源,它是产消者通过生产性信息消费进行价值共创的结果,而网站的认知锁定、产消质量线索、声望提升结果与分享知识的愉悦感均在生产性信息消费中积极地促进产消者价值的产生。网站用户在使用产消型网站的过程中,逐渐积累起对网站产消内容质量及产消价值的认识,内容生产行为又会为他们自身带来心理和社会结果并进一步增强他们对产消者价值的感知。这些作用最终促成了网站品牌价值的形成,因此产消型网站的品牌价值是产消者共创的结果。

7.4.2 互联网产消者模式如何盈利?

研究证实,网站总体品牌权益和产消者价值能够有效提高网站品牌的延伸能力,而延伸能力又能增强用户对网站品牌新产品的支付意愿。有趣的是,研究发现,对一个以免费功能作为出发点的产消型网站而言,网站的总体品牌权益并不能直接促进用户对其收费型新产品的支付意愿。这表明,"羊毛出在羊身上"的传统经营模式与理念已经远远落后于互联网产消经济的发展潮流。传统营销范式中"营销活动创造品牌价值,品牌价值带来顾客和企业价值"的理论和实践方法已经不能有效地解释互联网产消经济活动的规律。

研究模型中另一条假设路径在这个问题上给予了我们一些启发。互联网产消者通过创造产消者价值来提高使用者对其品牌延伸能力的认可,最终提高用户对新产品的付费意向,这一路径也可以通过产消者价值对网站品牌权益的积极贡献来实现。这暗示着,在互联网产消经济中,品牌变得尤其重要,并且品牌只有通过有效的延伸,才能最终为企业带来价值。这种延伸并不一定局限于付费型产品的开发，同时也可能表现在企业间的合作、商务模式的重新整合等方面，这很可能会为企业带来更多来自不同来源的现金流，从而实现稳定的盈利。

总之，产消现象引发一系列商业模式的颠覆性变化，并引发新的企业组织模式和经济运行规律，催生新经济。

本篇小结

在现有服务主导逻辑指导下，价值共创各方主体按照供应链模式进行剖析，这仅能解决传统企业价值共创问题；而在 Web2.0 环境下，以产消为主导的共享经济导致用户行为发生变化，进而平台品牌价值共创机制也发生了改变。同时，产消模式在于用户组织与创造产生服务，相关服务具有自媒体特征，能够不受跨文化因素制约，因此，本篇通过文献研究，扎根理论及实证分析进一步解释平台品牌价值共创的动态演化过程，这一研究内容改变了传统以"内容为王"的"自上而下"的品牌传播途径，变为了以"大众文化"所推动的"自下而上"的传播途径，并通过进一步分析解释产消主导模式下"品牌融入平台、平台供应方、平台需求方（产消者），三者之间相互共创价值"的黑箱，并从产消行为入手解释品牌体验、品牌知识、品牌关系质量、品牌推崇及品牌公民行为间关系，以研究产消视角下的平台品牌价值共创微观路径。总体上，本篇的主要理论贡献如下。

第一，提出了平台品牌价值共创的概念模型。平台品牌价值共创是指客户之间和其他利益相关者之间通过参与互动体验形成社会关系和网络关系，即品牌生态圈和品牌契合平台，以此为接口，自下而上创造品牌价值。品牌价值不仅是通过企业与个人二元关系共同创造的。相反，它是通过所有利益相关者生态圈之间的网络关系和社会关系互动共同创造的。并总结了平台品牌价值共创的理论基础，它根植于平台价值共创理论基础，但又有不同，主要有三个：基于消费者体验视角、服务主导逻辑和品牌生态圈平台价值共创理论。随后，本研究归纳了平台品牌价值共创的影响因素。互联网打破了人们生活的边界，使得客户间的互动、客户与供应商的互动更加频繁，消费者的角色发生了转变，社会资源被广泛分享，社会支持理论也应用到了商业环境中，平台的易用性也影响着消费者的参与，以平台为依托，出现了多边市场主体，这些因素都影响平台品牌价值共创。在此基础上，本研究提出了平台品牌价值共创的概念模型。从这个模型可以看出平台品牌价值共创产生于体验创造，其中个体化品牌体验从品牌契合平台提供的互动环境中体现出来。品牌价值的实现是主观的，它随着共同创造的个体化体验而变化，品牌价值结果体现在品牌能力生态圈上。目前，对平台品牌价值共创概念模型的研究仍处于探索阶段，未来还有很大的拓展空间。

第二，完成了平台品牌价值维度的重构探索。经典品牌价值研究已经相当成熟，从品牌价值概念、测度到评估已经形成了完整的体系，但随着数字化时代的到来，颠覆了传统时代的品牌价值。品牌价值不仅仅是消费者对品牌的感知使用价值，而是所有利益相关者对感知价值的集体衡量。虽然国内外一些学者对 Web2.0 下的品牌价值进行了一些有意义的探索（如：何佳讯，2017；Merz 等，2009；Ramaswamy 和 Ozcan，2016），但仍然没有形成体系。对于 Web2.0 下的品牌价值评估体系的探索，一些学者（金立印，2007 等）主要集中于网站品牌价值的评估体系，而平台与网站存在本质上区别，网站品牌价值评估体系并不能适用于平台品牌价值评估体系。同时，经典的品牌价值被视为品牌市场绩效和财务价值的驱动力量。随着品牌价值的评估主体从消费者扩展到品牌利益相关者，品牌价值的测量视角从认知论扩展到关系论和体验论，以及营销哲学变迁，和数字化时代的到来，基于财务/产品市场的品牌价值或基于消费者的品牌价值已不合时宜。传统的品牌价值分类不能囊括品牌价值日益增加的维度，因此，品牌价值需要重构，衍生出新的维度和传播路径。

第三，探索了平台品牌价值共创的实证研究。虽然平台品牌价值共创的概念模型展现了平台品牌价值共创的形成路径，但至于每一条路径具体如何形成和产生的影响，还需要更细致的研究。对平台品牌价值共创微观机理的研究，会对企业营销的改进带来新的变革。平台需求方即产消者通过品牌契合平台与平台供给方直接互动过程中产生的一系列感官、思考、情感、行为和社交体验，从而构成了品牌体验，供需双方基于品牌体验共创价值。产消者在价值共创的过程中，会产生一系列产消行为，产消者不仅消费产品，而且生成内容，如产品体验评价、设计建议等。产消者生成的内容会在品牌社区或社交媒体中进行传播互动（点赞、收藏），普通产消者也会使用高阶产消者生成的内容进行消费决策，这些高阶产消者能提升权威性和获得收益，普通产消者能积累知识和获得朋友，从而实现个体发展。

本篇的所有探索仅仅是关于数字时代消费者行为研究和品牌研究的冰山一角，研究仅仅以信息产消行为作为产消者活动的典型进行了考察，但互联网产消行为远远不止于此，而是具有更丰富的表现。例如产消者在艺术、创意、游戏、餐饮甚至绿色能源生产方面的表现都值得引起学者们的注意。同时，产消者经济使资本的剥削性质变得模糊，这有可能使资本经济的运作方式进入一个全新的阶段——在价值共创和共享的年代里，如何向产消者分享共创活动带来的价值将会是一个具有重大意义的经济和社会问题，而这便是近年来已经炒得很热的共享经济这一新经济现象，而这一新现象的核心微观基础便是产消合一逻辑对生产消费二元逻辑的迭代。

第三篇 03

从"传统经济"到"共享经济"

共享经济,又被称为"合作经济""协同消费"或"P2P经济",其作为随互联网发展而出现的新兴商业现象(Botsman 和 Rogers, 2010; Belk, 2014),最早可以追溯到 1978 年 Spaeth 和 Felson 的"与一个或多个人共享消费经济产品或服务"的协同消费(Collaboration Consumption)研究。Koehn (2009)将共享经济概括为一个与高度网络化和各种技术结合在一起的开放系统,在该系统内部实现了个体间商品和服务的直接交换。同样,Botsman 和 Rogers(2010)从协同消费(Collaboration Consumption)的角度来解释共享经济,认为其是与 Web2.0 时代特征相结合的"组织分享、交换、借用、交易、租用、赠礼、互换的体系"。具体来讲,共享经济主要指企业或个人基于互联网平台,为实现货币或非货币形式的收益,而进行的分享空间、技能、物品等闲置资源的经济模式(Botsman 和 Rogers, 2013; Schor 和 Fitzmaurice，2015）。国内学者同样对共享经济的内涵进行了解读，认为共享经济的核心是"协作""消费"和"去工业化"，即通过利用闲置资源降低管理成本，解决协作互惠问题，将共享变为一种区别于传统的所有权形式的规模经济现象（谢志刚，2015；肖红军，2015，陈驰，2013）。

  共享经济随着互联网技术及平台的发展呈现出较为显著的时代特征，具体表现为：第一，以完善的网络平台为基础（Martin 等，2015），伴随着 Web2.0 时代的开放性及交互性特征（Carroll 和 Romano，2011；沈蕾和岳少峰，2018），共享经济在信息通信技术等大力推动下，形成了海量数据管理、系统通信、社交媒介和云计算四大关联内容（刘根荣，2017），进一步为消费者参与提供了契机，丰富了价值共创的基础。第二，由边际成本转向零边际成本（Rifkin，2014），其中，个体借助第三方创建的网络平台，实现零边际成本下的知识经验分享，闲置物品交换以及项目资金筹措等活动（王喜文，2015；沈蕾和韦骁勇，2016）。第三，弱化产权观念，以租代买，借助互联网平台实现个人闲置物品或资源的使用权的分享继而突破传统所有权关系的限制（Cohen 和 Kietzmann，2014；李文明和吕福玉，2015；刘奕和夏长杰，2016）。第四，以信任机制为准则，在平台上通过信任机制被作为共享经济时代协同消费的准则，其通过信任可实现平台的流量价值及内容生成价值（Möhlmann，2015）。第五，以用户为中心（Cheng，2016），该经济体的进入门槛低及用户数量众多等特征为个人间的共享行为提供发展的动力（Campbell，2016）。因此产消行为成为共享经济活动新模式的核心单元基础。

第8章 共享经济的特征解析

共享经济，又被称为"合作经济""协同消费"或"P2P 经济"，其作为随互联网发展而出现的新兴商业现象（Botsman 和 Rogers，2010；Belk，2014），最早可以追溯到 1978 年 Spaeth 和 Felson 的"与一个或多个人共享消费经济产品或服务"的协同消费（Collaboration Consumption）研究。随着新平台及互联网技术的蓬勃发展，"资源分享"及"协同消费"视角下的"共享经济"研究呈现出与互联网技术相结合的丰富内涵及时代特征：Koehn（2009）将共享经济概括为一个与高度网络化和各种技术结合在一起的开放系统，在该系统内部实现了个体间商品和服务的直接交换。同样，Botsman 和 Rogers（2010）从协同消费（Collaboration Consumption）的角度来解释共享经济，认为其是与 Web2.0 时代特征相结合的"组织分享、交换、借用、交易、租用、赠礼、互换的体系"。共享经济研究区别于传统的 B2C 或 C2C 经济，其实质是以网络为基础的平台，将闲置资产通过网络社区的共享实现该资产价值的发挥（Gansky，2010），最终致使降低所有权的需求，以此扩大用户"无需所有权"就可享受产品的机会（Lamberton，2012；Belk，2014；Stephany；2015）。具体来讲，共享经济主要指企业或个人基于互联网平台，为实现货币或非货币形式的收益，而进行的分享空间、技能、物品等闲置资源的经济模式（Botsman 和 Rogers，2013；Schor 和 Fitzmaurice，2015）。国内学者同样对共享经济的内涵进行了解读，陈驰（2013）认为共享经济的核心是"协作""消费"和"去工业化",即通过利用闲置资源降低管理成本,解决协作互惠问题,将共享变为一种经济现象。具体来讲,共享经济是一种利用规模效应(谢志刚,2015)实现产权的变革的经济形式,区别于传统的所有权形式,将其结构为分配权及使用权(肖红军,2015)。在产权关系变革的基础上,共享经济构建了供需双方的动态生态圈,通过实现用户及企业间的双向互动实现闲置资源及服务的共享(吴晓隽和沈嘉斌,2015),其通过实现信息交互以及商品、服务对接,满足海量用户的及时性服务需求(孟凡新,2015)。

与早期的"协同消费"相比,当今的共享经济概念已经发生了很大的变化,最早的维基百科词条将其解释为"围绕人力和物质资源分享而建立起来的一种可持续经济系统",虽然在协同共生的本质上依然一脉相承,但是现时的共享经济研究更侧重于基于互联网平台的协同消费。本研究认为,共享经济是以互联网技术为支撑,以网络平台为基础,以信任为纽带,以所有者生活不受影响为前提,所形成的个人闲置或资源使用权共享的开放性交换系统。具体来讲,该系统强调网络环境下的多主体参与以实现物质资源及信息资源的共享,同样的学者多从协作消费、P2P 经济、开放性获取等角度对共享经济进行总结(Botsman 等,2010;Schot 和 Fitzmaurice,2014;刘金荣,2017),为 web2.0 时代背景下多主体参与价值共创提供了契机。

共享经济随着互联网技术及平台的发展呈现出较为显著的时代特征,具体表现为:第一,以完善的网络平台为基础(Martin 等,2015),并伴随Web2.0 时代的开放性及交互性特征(Carroll 和 Romano,2011;沈蕾和岳少峰,2018),共享经济在信息通信技术等大力推动下,形成了海量数据管理、系统通信、社交媒介和云计算四大关联内容(刘根荣,2017),进一步为消费者参与提供了契机,丰富了价值共创的基础。第二,以用户为中心(Cheng,2016),该经济体的进入门槛低及用户数量众多等特征为个人间的共享行为提供发展的动力(Campbell,2016),进一步为本研究开展共享经济环境下产消行为研究提供基础。第三,弱化产权观念,以租代买,借助互联网平台实现个人闲置物品或资源的使用权的分享继而突破传统所有权关系的限制（Cohen 和 Kietzmann，2014；李文明和吕福玉，2015；刘奕和夏长杰，2016）。第四，商业模式发生变革，由边际成本转向零边际成本（Rifkin，2014），其中，个体借助第三方创建的网络平台，实现零边际成本下的知识经验分享，闲置物品交换以及项目资金筹措等活动（王喜文，2015；沈蕾和韦骁勇，2016）。第五，实现社会关系重构，在陌生人之间形成信任和互动机制。共享经济改变了原有的社会关系的强连接和弱连接，新的关系模式以信任机制为准则，在平台上通过信任机制被作为共享经济时代协同消费的准则，其通过信任可实现平台的流量价值及内容生成价值（Möhlmann，2015）。

8.1 技术驱动

共享经济是伴随开放源代码、云计算等互联网开放技术的发展而兴起的。具体来讲，以大数据分析为核心的平台技术为分散的个体用户以及平台契合企业提供集成化和智能化的服务。一方面，基于信息化的互联网技术通过内容数据化，实现平台内部用户所涉及的相关资源实现快速的优化配置，为用户间的交易和身份转变提供效率和便利性。如平台利用强化的信息分析和处理能力提高供需之间匹配的速度和质量。相关研究也主要从共享经济时代背景下平台技术的工具性特征出发来加以探讨的，该工具性特征也为Web2.0 的交互性和开放性提供了技术支持，同时保证了平台交易的可能以及提升了交易的效率。另一方面，互联网平台技术通过嵌入和封装特定的算法实现平台不同端口用户的有效连接，并可以更好地根据用户需求实现终端产品的设计，提高用户体验，提升平台建设发展的有用性。同时相关技术也实现了对不合规行为的处理和规避，通过实名认证以及联网技术，实现个人及企业信息的全网联动，规避犯错风险，构建稳定的数字化制度规范，肃清了网络市场环境，为共享时代下，用户资产及信息交易的顺利进行提供技术和安全保障。

在大数据技术和算法的支持下,符号成为平台技术发展过程中实现沟通协同的渠道。符号构建了平台或者社会内部交互的规范,其通过与交易规则实现耦合,共享环境内部的符号表示进一步成为规范行为和保证合法性的象征,以更好地传递出交易可控的信号。这种嵌入性的合法性与可控性为共享经济范式下,信任机制建立以及重构社会关系等方面提供可靠性保证。

8.2 以用户为中心

共享经济时代,虚拟化、云计算和大数据技术成为平台发展的技术沃土,当然网络技术的便利性也使得该经济模式从原有的工具性能力转向用户体验的"个性化"需求方面。其借助数据库、高存储、高运算以及精准算法等实现了计算机对不同端口用户信息的捕获,并可借此为用户提供更为方便可靠的服务。共享经济主要发生在可以由个人提供服务的行业,具体表现在以用户为中心,更加关注客户主导逻辑及服务主导逻辑方面的内容。传统经济的信息不对称造成了一定的供求匹配效率的低下,企业的标准化生产方式也一定程度上增加了个性化服务的难度。因而在传统经济环境中,更多的服务在传统经济中可以实现标准化、服务化及规范化。伴随着互联网技术的共享经济其借助平台技术,供需匹配度高且即时的互动评价服务体系实现了企业与消费者间的直接对话,从而使企业很好地明确消费者的需求,也为个性化定制提供契机。因此,共享经济的生命力在于解决了供需方的不对称现象,提高了产品和服务的质量,催生了服务和产品的差异化个性化发展。对于消费者来说,共享经济将为其提供差异化的创新性服务,从而带来更多的选择,更好的价格和更高的质量。

8.3 弱产权化

以 Airbnb 为代表的短租平台,实现了个人闲置房产资源的共享,房屋所有者可以通过出租自己的闲置房屋,以使游人和其他租客使用,实现闲置资源效益的最大化。在这一经济体下,也凸显了房屋资源的共享,之前的经济模式,更多地注重产权结构,产权决定归属。在共享经济时代,产权的概念得到了进一步的弱化,房屋这一固定资产,通过多数人多频次共享房屋的使用权限,产权结构不再明晰;使让个人或机构拥有的闲置资源,为更多人所使用。它整合线下的闲散物品或服务者,让他们以较低的价格提供产品或服务。支撑共享经济的理念在于"人们需要的是产品的使用价值,而非产品本身",所以,该经济模式也被称为协同消费。共享经济的协同作用,让交易各方在交易中产生整体增值。不仅如此,借助平台技术的发展,交易、转售租赁和交换等内容得到最大程度的发展,其通过协调资源的获取和分配来获得报酬。租赁和交换是表现在点对点的市场关系上,无需发生所有权的转移。共享经济消弭了人与人之间物质和资产的产权边界(Belk,2010)。

8.4 商业模式变革

大数据分析以及创新驱动提高了整体生产和交换活动的效率,进一步促使全要素生产率提高,从而使边际成本不断降低促成了零边际成本的可能。互联网经济将零投入或轻投入带入社会生产和生活之中,轻资产的经济运行模式将会成为企业重要的决策选择,通过零投入或轻投入持续产生交易,构建起全新的零边际成本经济运行体系。共享经济的兴起大大降低了交易成本,企业用户可以通过平台实现更为直接便捷的交易服务,点对点商业模式的兴起，加大了社会资本对经济活动的影响。价值创造方式已经突破原有的价值链的创造方式，形成了由用户、企业、竞争者、合作者和政府所构成的价值生态系统，其共享价值也改变了原有的价值衡量标准，且价值衡量也不再局限于货币领域，其传播价值、流量价值进一步丰富了原有的价值体系。随着网络联系的便利化和低成本化，生产者之间的协同发展如众筹、外包、模块化生产也大大降低了企业的生产和运营成本。

共享经济的生产机理，是以消费为导向的普遍化、分众化发展，其多表现为由边际成本递减转向零边际成本。与传统商业模式相比，共享经济发生了以下变革：一是交易的产生是对资源的分时、异空利用的开发；二是交易的沟通渠道是由人际实际交往转为互联网等平台，从而减少了中间环节，使交易更趋简洁；三是交易方式由 B2C、B2B 向 C2C 和 O2O 转变，并且形成更加深化的 O2O 模式和无边界裂变电商（N2E）模式；四是支付方式由线下向线上转移；五是共享的客体内容正在迅速增加，一些服务类交易如跑腿、洗衣等劳务也开始进入"共享"的行列。共享经济的未来走向是：共享主体不断换位、共享观念不断更新、共享规模不断扩大、共享范围不断拓展、共享内容不断丰富、风向形式不断创新、共享增量不断做大、共享价值不断提升、共享技术不断优化和分享社交不断本地化。共享经济的意义在于，资源、信息的汇集与重新分配，并进一步丰富 P2P 活动的线上及线下交流形式，力求做到在地理和时间上更强的获得性（何超等，2018），为促进用户参与及消费者契合，提供了必要的条件。

具体而言，共享经济时代下的商业模式是闲置资源为更多人所使用，实现闲置资源的最大程度的利用。其借助平台技术，整合线下闲散资源和服务，通过线上宣传与交易，实现线下与线上的结合，以更好地为消费者提供物美价廉的产品和服务。共享经济的理念关注的是使用价值而非产品本身。因而这种类型的商业模式实现了不同主体之间的协同，也被称为协同经济。具体地，一些人希望生产私人样式的产品，那么他们可以直接通过智能手机和手提电脑接入互联网，在价值链的各个环节按自己的个性化要求进行定制。因此，他们每个人都可以组织自己的价值链，通过互联网来敲定数据，这样能够极大地提高生产率，将边际成本减少到接近零，每个人都开始生产并分享各种商品和服务，这就形成了以零边际成本为基础的协同分享式经济。

8.5　社会关系重构

共享经济时代下，如房屋短租等有代表性的交易活动，改变了原有的陌生人关系，也在一定程度对传统社会的差序格局形成冲击。陌生人成为邻里，且陌生人生活圈的辐射范围也在不断扩大。不仅如此，基于 Web2.0 的开放性与交互性特征，网络平台内也为陌生人间建立虚拟社区，形成基于兴趣偏好的陌生人团体，并在"意见领袖"的带领下，陌生人间形成黏性较强的连接关系，通过陌生间的信息和服务内容交换，获得满足，以实现自身把握内容的倍增效应。陌生人间的信任机制也因共同需求偏好的影响而构筑，并推进商业模式创新的进一步完备。

此外，企业与用户间的关系也发生了一定程度的改变。用户不单单作为产业链的终端，而是积极参与到产品的开发与制作过程，从 SAS 开源软件的开发到 Nike 的个性化定制等，用户在参与产品完备性的活动过程中起到了关键性作用。用户参与、用户契合以及用户的公民行为不仅提高了原有产品和服务的质量，同时也为企业和相关产品增强了用户黏性，为进一步发挥商业生态系统内容多主体间的协同关系提供契机。

第9章 "共享经济"与产消合一逻辑

从需求的宏观层面来讲,共享经济把市场从大众市场逐渐变为个人市场。传统商业的商家所销售的产品势必为大众化的,不可能满足每个人的需求。而共享时代的到来,使每个人的选择变得更加多样化,在选择商品时融入了自己的偏好、价值观等因素。总之,在共享经济下,市场是由个人的市场组建而成,大众可以选择适合自己的个性化产品和体验。从供给的宏观层面讲,共享经济降低了获得资源的成本,不再是过去由个别企业独占着核心资源,资源集中变为资源聚合,公司之间的资源共享调动了企业发展的积极性。例如 Uber 没有一辆属于自己的出租车,但是它调动了社会闲置出租车资源,为更多的乘客提供便利服务,他们用轻资产模式产生了比资产密集型企业更大的社会效应。

从微观层面的总需求即个人层面来说,共享经济使我们每个人由被动消费转向主动产消。以往消费者的需求处于被理解和被满足的状态,而生产者也仅是在组织的协调下中规中矩地生产物品,但共享经济的出现打破了这种生产与消费的被动状态,个体与群体可以同时成为生产者和消费者,自主地参与到价值共同创造的过程中去。共享经济使何时去生产与消费以及生产与消费什么有了更大的自主权。

从微观层面的总供给来说,共享经济将总供给引入新的发展阶段。微观层面的总供给主要是指组织层面。过去我们的衣食住行等各方面的总供给由中央调控、组织协调，而共享经济向我们展示的是"自组织"的可能性。拿Uber来说，通过网络平台将各个散布的供需点进行匹配，相比传统的依靠调度员根据乘客需求来指挥车辆的出租车行业，响应速度和整个系统的效率都得到了优化，这就说明这种分布式的结构比由一个中央控制的效率更高。与此同时，"自组织"能够激活每个人参与经济活动的能力，实现自我工作、自我监督与自我激励。当然，在与传统商业模式的对比下，共享经济模式是优劣参半的。

9.1 产消活动基于互联网技术发展，共享经济以技术驱动为基本特征

据悉，2016年中国微信月活跃用户达到8.46亿，微博月活跃用户3.9亿，在中国互联网信息消费情境下客户产消现象正逐渐成为一种普遍现象，例如互联网由信息下载变成下载和上传并重，并在微信、微博及知乎等其他社交网络中进行用户内容共享以及问题解答，互联网用户即是网站内容的光顾者（消费），也是网站内容的生成者（生产）。但是国内学者对其主题研究却鲜有涉及，仅有的相关成果还处于零散的状态，并缺乏系统化梳理。关于产消行为可否是互联网时代企业价值共创过程中客户主要活动表征，及其对企业价值共创存在何种影响等问题，都值得学界和业界做出进一步的思考。

共享经济具备信息技术的特质，是建立在互联网平台上的竞技模式。共享经济在互联网络上，对商品、服务、数据、技能等多种资源、信息进行共享应用，而实现这一模式的基础则是信息技术，为产品供以相应权限的分离，实现了资源占有人及资源需求人的权利交易，促进了闲置资源或产品的应用推广。这一发展理念是产品价值的延伸，实现了对产品的充分利用。这一经济模式也会随着互联网的飞速发展迅速地扩展开，具有极大的发展潜力。在这一经济模式下，参与的各方不仅是生产者，也扮演着消费者的身

份，更多的参与者会注重相应产品、服务的使用价值，而非私有、独占价值。共享经济将会在全球范围内，掀起新的生产模式、消费模式、运营模式变革。

随着互联网对社会活动场景的渗透，以共享为特征的客户产消活动正在成为一种新的经济形态。在信息通信技术的引导下，互联网在实质上改变了生产与消费体验方式，并重构了新的社会形态（卡斯特，2006）。例如Linux开放式源代码对所有程序员开放以便共同开发、修改和使用，目前已经成为仅次于Windows的世界第二大系统操作软件。又如在2015年共享单车的兴起中，某共享客户提供个人的单车以便于其他客户骑行属于"生产"完成，但同时该客户也拥有OFO共享单车库中所有单车的骑行权又属于"消费"占有。同时，学术界也对"产消及其带来的社会价值效应"进行研究。例如Humer从企业层面分析了企业间的活动通过价值网也可以创造价值；Albors－Garrigos等运用价值链理论分析了信息技术为生产者和客户创造价值的具体方式；Esper也认为应该将生产和消费进行整合，并通过知识管理进行企业供应链的价值创造。但现有研究仅是从企业角度考虑了产消价值创造问题，而忽视了客户在企业价值链提升过程中的重要作用，为此，孟庆春等人在产消合一理念下将客户纳入供应链价值创造体系中，并揭示了客户在其中的驱动效应和反馈机制。

9.2 产消活动放大用户中心的平台效应，共享经济同样以用户为中心

交易行为必须借助于第三方建立的网络共享平台来实现。第三方平台可以由商业机构、政府等主体构建，主要提供供求信息、实现供求匹配、提供资金结算方式等中介服务职能。巨大数量的潜在供给者和需求者是共享经济得以运作的基本条件。只有潜在的巨大市场量达到一个临界值的时候，才能

发挥出共享经济商业模式的能量。平台下的共享经济商业活动，是借助互联网技术，可以跨越时间空间进行供需对接，而不管是共享汽车、共享空间、共享产品，都是因为这些需求的物和人是分散化存在于这个社会中的，随机性太大，这些资源或知识由于一些关联将它们连接起来，不受物理地域的限制，但是广泛地分散在社会中。所以共享经济商业活动的第一大创新点，就是将这些看似杂乱无章的物资和人员，通过自己的平台进行整合和集中，展示在这个开放的平台中，拥有特定资源又乐意共享出来的用户，可以通过发布信息的方式加入，通过这种方式，这个平台上的资源越来越多，用户的自发性越来越强大。

共享经济时代已不再是纯企业为导向的经济运作及发展模式，其以用户为中心，注重用户体验，实现从传统的"机器"向"人"的价值转变，从"算法"转向"交互和体验"，将用户视为生产与发展的出发点。共享经济的发展加大了社会资本对经济活动的影响，价值创造的过程已经超出了企业的边界，不少消费者从产品研发初期就参与到企业产品研发制造的过程中，成为一定意义上的"生产型消费者"（沈蕾，2009）。消费者在参与企业活动过程中，发生了一定程度的角色转变，从传统意义上的"消费者"向"产消者"转变。同时用户也不再单纯地作为产业链的终端，其借助互联网技术，积极参与到产品和服务的研发和生产环节中，也积极参与创作，从"消费者"转变为"产消者"（生产与消费合一）（沈蕾和韦骁勇，2016）。

托夫勒早在1980年提出了"产消"的理念，并预测人类文明将迈向"生产者和消费者再次合一的个性化文明"。共享经济时代下，借助网络技术，其网络社会中的客户已经拥有了前所未有的知识和技能，并参与到产品与知识的创造过程中；同时企业内外部组织形式也呈现出社会网络化的发展趋势，并将原本需要花费资本雇佣员工完成的工作"众包"给客户，利用"客户产消"所形成的外部网络以及"服务主导逻辑创新"模式以更低成本创造产品。此外，诸如豆瓣网、优酷网、大众点评、百度文库等影响和文字资料的共享、评论及问题解答网站，都是由用户自己上传并提供相关交换信息。且"产消者"们积极主动参与到产品和服务的生产过程中，他们精心制作并主动维护其自身生产的内容，并通过分享行为得到尊重与满足。不仅如此，在这一分享活动过程中，不少"产消者"演变成"意见领袖"，对相关用户的消费活动具有引领作用。这无疑都证明，共享经济及网络消费情境下，以用户为中心的客户产消正在成为一种社会客观趋势。

9.3 产消活动强化使用关系，共享经济以突破所有权限制为本质特征

产消活动在 web2.0 时代得以爆发时成长，一方面是基于平台技术的开放性和交互性的极大提升，另一方面，产消活动的发生不需要以占有某种生产资料为前提，这就大大激发了社会生产力！

产权和使用权的分离在互联网环境下得到进一步加强。就供给主体而言，其通过一定时期内通过使用权的让渡，来获得经济收益；就需求主体而言，其仅仅通过一定的方式享有使用权，不涉及所有权的占有。通过现代意义的租赁、交换等形式，实现陌生人之间的经济交易，一定程度上创造了很大的经济价值。互联网环境下产权与所有权进一步分离，动摇了传统的边际成本定价法。在传统工业经济下，绝大部分产品的消费是不可重复的，既一旦消费，价值与使用价值便会消失，因此产品的定价必须完全弥补生产过程的成本，即价格要包括单位产品的固定成本和可变成本。但数字产品的出现颠覆了这一规则，相比固定成本，数字产品的可变成本正逐年接近于零，如果只计算使用成本，那么这个成本可以忽略不计，因此网络上的数字产品可以以零成本快速传播。

例如，音乐、电影、游戏、软件等，由于不具备很强的物理资产的特性，盗版严重。与其无可奈何地忍受非法盗版，还不如主动免费赠送使用内容，再通过其他形式收回所有权成本，这些公司通过创造更大的认知价值，

建立了以需求为基础的商业模式。如定价准则方面以满足经济需求为主的边际成本定价法正在网络经济环境下慢慢退出市场，转向以满足社会需求为主的定价目标，即以企业成本为主导的定价法则正在被由消费者主导的定价法则所取代。同时企业的利润空间被压缩，利益在生产者与消费者之间朝着更有利于消费者的方向发展。

而共享经济与传统经济的核心差别就是弱化产权关系，强调使用权带来的价值获取，因此产消活动可以视作为这种新经济模式背后那个"无形的手"，催生了新经济模式的诞生。

9.4 产消活动颠覆企业价值创造方式，共享经济则以创新的商业模式为生存法则

由于产消活动的爆发式增长，企业价值创造的方式颠覆性地由单一主体向多主体转变，价值共创理论在国内外学者的大力研究下得以快速发展，并逐步走向完善。从生产领域分析，价值共创核心观点强调客户知识的贡献或创造活动在研发新产品过程中的关键作用；从消费领域分析，却又强调客户作为"共同生产"的角色参与企业的研发过程，尤其是在服务业客户被视作兼职员工，在服务主导逻辑视角下涵盖了企业、客户与其他相关者三方互动的价值共创分析框架。后续研究中，国内学者张婧和邓卉又从"企业－员工、企业－客户、员工－客户、企业－其他"四个不同层面分析了企业价值共创问题，并做了相应的实证检验。而 Vargo 和 Lusch 的服务逻辑的提出以及 Ramaswamy 的价值共创范式的提出更是将企业价值创造方式的研究推向新的高度。

共享经济是技术变革所带来的新型经济模式，在实现了物联网、移动互联网、大数据分析、云计算等技术综合运用的条件下，其显著提高了供求的匹配效率，实现了点对点的个性化、订制化服务。个人可以低边际成本的方

式进入服务行业，这降低了服务业的进入门槛，服务产品的供给得到极大的改善，服务产品价格显著下降，服务质量也因差异化的竞争而得到提升。这是因为对于供给者而言，他只是将闲置的物品在有闲的时间提供给市场，因此其提供的服务机会成本很小，这就导致供给者可以用低价优质的差异化、个性化服务进行市场竞争。原有的产业生态被破坏，竞争格局被打破。技术创新降低了行业进入门槛，原有在位企业面临着从未有的竞争压力，行业竞争加剧，而消费者无疑是乐见其成的。更重要的是这种新模式下的企业利润获取方式由每单价值最大化转变抽取尽可能多的交易量的佣金，因此流量、用户的使用成为重要的利润增长来源，反过来进一步刺激了用户的参与。

9.5 产消活动模糊传统边界催生新关系，共享经济重构社会关系

如前所说，产消活动模糊了传统生产和消费的边界，产消合一的逻辑迭代了生产和消费二元逻辑。我们将不会再回到那个生产者和消费者有明确区分的时代了。从这个意义上讲，我们也不会再回到工业革命和消费者革命时代的那种思维方式上去了（Cohen，2003）。我们逐渐处于日益难以区分生产和消费以及生产者和消费者的产消者革命的时代了。

首先，共享经济对产业环境产生了影响。在传统商业经营活动中，供求双方具有信息不对等的关系，导致了相应产品业务的供需关系失衡，相应的消费需求量也表现出不足状态。这种消极状态造成了产品及业务的滞销，长此以往下去，甚至会造成大规模的资源浪费或是商品过盛的局面。共享经济则是能够促进这种功效模式及交易形式的转变，刺激相关经营交易活动，帮助相关产业链形成高效的运转环境，消化过量的社会存量资产，均衡分配相关产品及资源的利用，放大场频的利用价值。这种竞技模式对于社会供给大环境而言，具备极高的利用效率，且利于低碳经济的发展实践。

其次，共享经济能够促进就业形势的革新，改良了企业雇佣模式及全职就业模式，营造了更加灵活的雇佣关系，为更多具备创新意识和先进技术的个人或团队创造了更丰富的工作环境。更多的人能够同时扮演生产者与消费者，在工作任务、时间、薪酬的选择也更加自主。就当前形势来看，越来越多已有固定本职工作的人开始参与到共享业务中，并且以共享服务作为创收工作。这种灵活的雇佣关系对于企业或是个人都非常有利，企业可以灵活地实行管理，并且能够基于多变的市场环境灵活调整。

最后，共享经济影响了当前的消费模式，传统消费模式中一次性的消费变为了再利用消费，大消费及大生产因为其低下的资源利用率已经难以满足当前的新型经济需求，将会被淘汰。

综上所述，产消时代的来临不仅仅催生了共享经济这一崭新的经济运行模式，还将预示着经济研究的范式革命（Kuhn, 1962/1970；Ritzer, 1975/1980）。现代经济学研究范式早已将生产或消费作为它们的"主题特征"，而我们将见证一种新的，以产消活动为其特征的第三范式的出现，这可能意味着与过去相比，经济研究将更加向多维范式的方向发展。然而，也可能出现这种情况，那就是由于产消活动同时包括了生产和消费，所以它可能成为某种能同时平衡生产、消费、产消三者的更加综合的"社会学范式"的基础（Ritzer, 1981）。这或将引领经济研究向"硬科学"的方向发展，而所谓的"硬科学"，至少在 Kuhn 看来，是某种单一范式占主导地位的科学。尽管这是可能的，而鉴于社会科学的历史和现状，更可能出现的结果是多维范式共存于一域的情况。范式通常包括理论和方法，而一种新的特定的范式则意味着在理论和方法方面有了主要变化。由于产消活动本身就包括了生产和消费，一种替代方案是增加对这些多维理论和方法的运用，使得社会科学家能对所有这些过程进行分析处理。另一种办法则是通过发展一些新的本身就能够代表足够多样性的理论和方法来对这些过程进行分析处理。这样一来，随着在经济研究领域对以产消为主题特征的研究关注度的提升，将预示着一系列在范例、理论和经验方面的巨大变化。历史上社会学领域的一个平行的例子就是 Emile Durkheim（1893/1964）的著作，他主张社会现实才是社会学研究的主题。从而导致了一种面向社会现实研究的新范式（"社会现实范式"）、新理论（如结构功能主义）和新方法（如历史比较研究）的发展（Ritzer，1975/1980）。很有可能，一场涉及新的产消者范式的革命将产生类似的更强大且更广泛的效果。我们拭目以待，未来学科的这种交叉变异将带来新的思维震撼！

本篇小结

共享经济是一种新的经济模式，基于互联网和 Web2.0 的产消行为是催生这一新模式的核心要素，通过前述研究，可以得出如下认识。

（1）互联网分享经济关键主体是客户产消。而客户产消特征在于"丰富"而非"稀缺"，企业关注点在于"质量"而非"效率"。由于所有人都被赋予生产内容的工具，在互联网分享经济活动中，微信平台每天产生的个人即时原创或共享信息，新浪微博每天生产大量新的内容甚至可以影响社会舆情风向，而知乎等网站内容基本上由网络用户互动来提供相应的内容。信息生产的丰富性能够通过大量客户产消活动得到满足，这为共享经济的爆发提供了重要的技术基础。

（2）信息消费是客户产消形成的社会基础。互联网中信息获取成本变得极其低廉，信息交换的互动行为变得尤为便利。狭义的信息消费仅指信息型商品或服务的购买及使用，但是在互联网技术广泛使用前提下，消息消费是指社会信息生产和交流过程的一种延续，并包含信息需求、信息占有、信息处理和信息再生，以及信息消费本身具有的决策目的与决策价值属性。在对生产性信息进行消费内化同时，消费者用户相应的认知结构将产生相应的改变，而这种改变也将会储存在长时记忆中，有可能在一定条件下进一步转变为新的知识，从而完成了信息消费的"生产"过程。而从产消者角度分析，网络消费行为同时具备信息消费和生产性特征，生产性的信息消费是互联网信息产消活动的基础。由此，这一系列活动中的信息消费活动可以视为一种生产性的信息消费，该信息消费又正是产消者形成的社会基础。

（3）价值共创是客户产消主要的活动形式。虽然目前研究还仅关注于产消者概念基础的争议，对于产消活动如何创造价值并未展开深入的讨论，但是一些用户生成内容（UGC）的研究已经表明了信息产消活动确实在为企业和客户创造价值。而大数据技术的广泛应用，使得企业可以通过对客户信息浏览痕迹的统计分析，去设计更好的产品搜索排位系统，从而更好地满足客户对产品特征的相应偏好。例如，魏泽西事件从侧面也证明，以"效价"与"数量"等常规的数据测量手段所展示的"产品推荐"已经无法满足互联网时代客户需求，客户更在意于其他用户根据个体真实消费经历所再造的"产品体验"评论，并通过万千次信息消费迭代后价值共创为一种强有力的市场工具，从而帮助企业"倾听"客户对企业及其竞争对手产品的看法，最终转换为可视化的市场结构与竞争概貌。

第四篇 04
共享经济下平台品牌价值共创案例分析:产消合一视角

中国电子商务研究中心发布《2018年度中国"共享经济"发展报告》显示,2018年,中国共享经济市场规模达39450亿元,增长率为76.4%。其中,共享经济的服务提供者人数约为6000万人,比上年增加1000万人;分享经济平台的就业人数约585万人,比上年增加85万人。2016年中国共享经济图谱涉及交通、餐饮、住宿、物流、知识技能、金融、生活服务共享7

大领域，相关手机应用超过了 100 个。

火爆一时的共享经济正处在发展的十字路口。一方面，共享经济市场规模巨大，参与者、受益者众多；另一方面，则是各种"奇葩"共享，市场乱象层出不穷，消费者和创业者得不到合法权益的有效保障。面对此种行业现状，唯有从产消逻辑视角深度解读共享经济本质，明确各参与主体的内在行为逻辑，通过行业规范、立法等手段加以规范，预防平台型垄断，共享经济才有广阔的发展未来。

本部分聚焦共享平台的作用机理，引用微博、微信、小红书、豆瓣、知乎五个共享经济的成功经典案例，将产消者类型划分为：大众产消者为主导的知识性平台（豆瓣、知乎）、意见领袖型产消者为主导的知识性平台（小红书、微博）和混合型参与产消者的知识性平台（微信）。基于平台品牌价值共创概念模型，分析了平台价值共创的基本模式，得出平台供给方可以为需求方、其他供给方创造价值并与平台所有者共创价值；平台所有者为需求方和供给方以及其他平台提供了信息与商业基础设施；需求方可以为其他需求方、供给方与平台所有者创造价值。

第10章 大众产消者为主导的知识性平台（豆瓣、知乎）

10.1 豆瓣案例

豆瓣网创建于2005年，创办人为杨勃，创办之初的宗旨是找到"多少人和自己读同样的书"。随后，在短短的几年时间内，豆瓣网通过融资，使网站迅速发展壮大，并形成了集"豆瓣读书""豆瓣电影""豆瓣音乐""豆瓣小组""豆瓣同城"等多种元素、多个板块于一身的社会化媒体。纵观豆瓣网的发展历史，豆瓣网自2005年上线以来，经过近些年来的不断发展，功能不断完善，已成为一个以青年知识分子为主要受众群体的书、影、音等信息资料汇集地和评论交流区。此外，豆瓣还随着技术的发展相继推出手机、平板客户端等业务。

10.1.1 用户分析

豆瓣的核心用户群大多是具有良好教育背景的都市青年，包括白领及大学生。通过用户的行为轨迹不难发现，豆瓣用户热爱生活，除了阅读、看电影、听音乐，更活跃于豆瓣小组、小站，对吃、穿、住、用、行生活各个方面都有着自己的见解。不仅如此，豆瓣的用户还热衷于参加各种兴趣类的线上、线下活动，拥有各种独立观点，推动着互联网流行与风尚。

10.1.2 产品分析

豆瓣FM：是用户专属的个性化音乐收听工具，打开就能收听，可以用"红心""垃圾桶"或者"跳过"告诉豆瓣FM用户的喜好。豆瓣FM将根据用户的操作和反馈，从海量曲库中自动发现并播出符合用户音乐口味的歌曲，提供公共、私人和红心三种收听方式。

豆瓣读书：自2005年上线以来，已成为国内信息最全、用户数量最大且最为活跃的读书网站。豆瓣专注于为用户提供全面且精细化的读书服务，同时不断探索新的产品模式。

豆瓣阅读：是豆瓣读书2012年推出的数字阅读服务，支持Web、iPhone、iPad、Android、Kindle等桌面和移动设备。豆瓣阅读的现有内容涵盖了小说、历史、科技、艺术与设计、生活等多种门类，定位为短篇作品和图书于一体的综合平台。

豆瓣电影：是中国最大与最权威的电影分享与评论社区，收录了百万条影片和影人的资料，有数千家电影院加盟，更汇聚了数千万热爱电影的人。豆瓣电影于2012年5月推出在线选座购票功能，到2012年已开通全国33个城市的81家影院，更多影院还在不断加入，极大了方便了人们的观影生活。

豆瓣音乐：是中国最大的音乐分享、评论、音乐人推广社区，拥有最完整的全球音乐信息库、最权威的用户音乐评论，和最具创造力的独立音乐人资源。

豆瓣同城：是国内最大的线下活动信息发布平台，包括音乐/演出、话剧、展览、电影、讲座/沙龙、戏剧/曲艺、生活/聚会、体育、旅行、公益……专注于一线城市业余生活方式。

豆瓣小组：于2005年上线，定位于"对同一个话题感兴趣的人的聚集地"，内容包括娱乐、美容、时尚、旅行等生活的方方面面。用户在这里发布内容，同时也通过互动或浏览，发现更多感兴趣的内容。

10.1.3 平台分析

在中国的互联网行业，豆瓣网可谓独树一帜，其独特的小清新文艺范儿赢得了相当广泛的小众群体的喜爱。其商业发展模式，也是在"小清新"的环境中进行的，让用户完全感受不到商业的气息。豆瓣的最初的盈利主要来源于豆友们分享好书的亚马逊或当当的链接，以及出售为数不多的广告位。广告的精简模式和高品质的理念使得用户深信豆瓣网所推荐的内容，高用户黏度和精准的商业广告定位使得豆瓣有利可图。

2013年，豆瓣的"东西"板块悄然上线。这是豆瓣商业路上跨度较大的一步。其主要盈利方式为豆友们通过分享链接来提供购买渠道。这一平台的建立，提供了许多商业契机，但这仍然是以"客户本身需求"为中心，以小群体的方式分享自己所喜爱的东西，从而达到网站"提供者和购买者三方盈利"的目的。

豆瓣网按照其发展的顺序过程，首先建立起拥有共同兴趣爱好的社交平台，将用户定位于小清新或文艺青年，具备了强大的用户基础和高用户黏度后，缓慢引入分享化板块的商业模式，以用户需求为基础，划分出相应的板块，根据用户的需求来分享相关的购买链接。其单独板块的设立，一方面为有相应购买需求的受众提供了明确的导航；另一方面也为不需要此类服务的受众提供了一片净土，使他们仍然可以在自己所喜爱的平台上不以营利为目的分享和获取。

豆瓣网最大限度地发挥用户的自我创造能力，放大个性化群体特点，根据用户的需求，建立相应的栏目和板块，整合社交平台和商业平台，形成了基于用户需求的商业平台和社交平台的互动。

10.1.4 豆瓣的平台价值共创模式分析

（1）平台供给方可以为需求方、其他供给方创造价值并与平台所有者共

创价值

- 为需求方（平台供给方与需求方间的价值共创）

独到的评论，集书评、影评、乐评于一身的豆瓣网被用户评价为"平等、多极、低权威"。在豆瓣网中，围绕书籍、电影和音乐所产生的兴趣和评论是兴趣圈子形成的核心。豆瓣网之所以能够成为青年人的集聚地，除去它草根性、平等的交流方式外，最主要的还是网站中独到的书评、影评及乐评，这些评论可以为人们提供多角度、多元化的视角，它们大多出自普通网友之手，为其他人提供最直接、最感兴趣的内容。

在豆瓣网上用户可以自由且不受限制地发表有关书籍、电影、音乐的评论。其中豆瓣网上所有的内容都由用户来构建和决定，甚至在豆瓣主页出现的内容也取决用户的兴趣导向选择。豆瓣网建立各种各样的兴趣小组，以用户个人为核心形成了以用户独特的兴趣为导向的网站。

具体来讲，部分消费者在进行相关的书籍、电影、音乐等消费之后，会依据自身的消费体验在该平台上进行体验分享，该类型的产消模式进一步实现了不同消费体验的交互，进而使该类型的消费行为对周边接受该信息的人群产生营销影响力。该部分产消者就形成了所谓的产消平民化中心。这类产消者不仅是产品购买者，更是产品的传播者，能够简单形成其所使用或所消费的产品的消费体验虚拟社区内构建不同社会关系网络，进而传播产品信息。因而，豆瓣平台内的平民化中心（大众产消者）主要是基于个人体验及个人社会资本而形成的营销营销力，其称为平台品牌价值共创过程中的一种异质性资源而存在，促进了平台内部新资源的识别与开发，为多主体间的资源交互与价值挖掘提供基础。

- 为其他供给方（平台供给方与其他供给方之间的协同）

豆瓣网在用户和其他供给方（或平台）所供给的商品之间扮演了"信任代理人"的角色，这个"信任代理人"不仅可以提供关于该商品的所有信息，还能召集所有用过的用户帮你选择，提供权威的评价，最后货比三家帮你挑出最物美价廉的那一款，然后把你带到收银台前付款，完成购物。

连接商品和消费者的信任代理人既可以给广告商推销,还可以充当消费者的信息顾问。这种独立于企业、消费者和广告代理人的第四方"信任代理人",也正是网络广告的发展趋势。比如用户点击豆瓣读书板块,会看到豆瓣用户推荐的书目按一定顺序排列在"畅销书榜",假设位列第一的是 R. J. 帕拉西奥的《奇迹男孩》,点击后会出现这本书的介绍,豆友的评价,5 家网店的售价和存货状况。这样全面的信息介绍既方便豆友获取数目价格清单,又可以货比三家买回价格低廉的书籍。

豆瓣电影同样如此,在最新上映的大片中,消费者可以查到影片的信息、评分、评论,还能在线选座购票。比如"正在热映"中的《黑豹》,从它的页面可以看到用户给它的评分 6.7 分,用户上传的 21 个预告片视频、539 张图片,还有 53856 条用户评论。浏览完这些信息以后,如果用户觉得自己也对这部影片感兴趣,可以点击购票。页面就会显示用户所在地的全部电影院的价格、地理位置、场次。用户在比较选择了合适的影院合适的场次后,就可以点击进入网上影院选座位,最后完成购票。

(3) 为平台所有者(平台供给方与平台所有者间的协同互动)

由于豆瓣网并不是实名认证的 SNS 社交网站,用户提供的基本信息可能存在虚假性,所以用户的这些基本信息不会被用作判断用户身份、进行品牌传播的唯一依据。豆瓣对自己用户分类主要依据后台的精准记录。用户在豆瓣网的每一次评论,每一次点击操作是被豆瓣后台一一记录的。

豆瓣网会根据后台分析,深入了解用户的行为和喜好,确认是哪些用户在浏览产品信息,找出广告信息中用户关注最多的地方,记录用户浏览信息的最普遍时间,找到用户浏览信息的途径。通过后台记录对用户行为进行研究,豆瓣网就能在恰当的时间恰当的地点,提供恰当的广告内容给恰当的受众。这些记录能使豆瓣网为广告推送进行更为精确地目标人群设置。

(2) 豆瓣作为平台所有者为需求方和供给方以及其他平台提供了信息与商业基础设施

• 为需求方(豆瓣平台与产消者之间的资源交互)

137

豆瓣通过用户操作，了解用户兴趣爱好，然后通过"用户之间发现推荐"，"网站对用户推荐"两个方面，帮助那些现实生活中不能面对面结交，却具有相同兴趣爱好的人进行交流。这些推荐可以帮助用户在这个平台上迅速找到臭味相投、惺惺相惜的"同好"们，再通过"同好"们获得更多的信息推荐，使得他们得以在茫茫信息世界中寻找到兴趣之舟。不管对方身处何地，只要爱好相同，豆瓣都可以帮助用户找到他。其次，不管是熟人还是陌生人的推荐，都会扩大用户信息选择的范围，对用户的选择产生影响，帮助用户进行筛选，让用户在更加广阔的天地中寻找到以一己之力永远不可能知道的兴趣高地。

豆瓣网最大的特色是"以人为本"，用户可以根据自己的喜好自己添加内容。不同的用户进入网站时首页所显示的内容会有不同。豆瓣网首页的"首页设置功能"将内容分成不同的标签，用户可以根据自身的兴趣进行添加和修改。网站还会根据用户已添加的内容推荐用户可能感兴趣的其他内容，在扩展用户视野的同时，也省去了用户自己搜集信息的时间，充分体现了网站的"以人为本"。

- 为供给方（豆瓣平台与供应商间的资源交互）

豆瓣的品牌信息传播可能是通过用户所发表的一段话，一张照片来进行的，也可能是通过一个品牌小站的互动活动、一个小组的话题、一个产品的试用装领取通知来进行的，还可能是通过一本书、一部电影、一次同城活动来进行的。各种各样的微量信息最后都会汇聚在一个品牌产品上。虽然看似分散，但是多频次的发布会让品牌在用户心中保持高活跃度。豆瓣的品牌信息就是通过这种方式向用户发布着。一些不了解某个品牌的用户在这样分散的品牌介绍的过程中，也会零零散散接触到品牌信息，接触得多了，就存在"路转粉"的可能性，再通过意见领袖的传播或者亲朋好友的推荐，最后很可能成为某品牌的忠实拥护者。所以豆瓣品牌的传播分散不集中，多角度微量化的传播更具有了"随风潜入夜，润物细无声"的效果。豆瓣平台的产消活动，成为了一些新电影、新音乐、新书籍等进行宣传的最佳方式，也吸引不同的供应商入驻平台进行新产品的宣传，同时也通过与平台内部专业书评或影评大咖（意见领袖型产消者）进行资源交互与信息互动，形成良性的宣传循环，进而提升普通消费者对因产品的兴趣，提升新产品的销售价值。

此外，在豆瓣上，品牌信息还是开放的，所有的品牌信息都可以分享到微博、微信、QQ 空间来直接推荐给好友，还可以直接深入到商品购买网站。而一个品牌的官方网站进行品牌传播时更多的是集中于网站内部，集中于介绍企业理念、职工信息、产品说明、型号、价格等，但是这些信息不会被用户共享。由于网站宣传的过度集中和封闭，消费者一般不会点击进去了解产品，只有在消费者已经存在使用需求并且对该品牌进行了关注，才可能进行专门搜索，进入商品的官方网站。因此，与豆瓣网相比，品牌的官方网站传播不具备微量化传播和开放性传播的优势。

- 为其他平台（豆瓣平台与其他平台的资源交互）

在豆瓣网上，页面广告可直接链接到外部销售网站。从最初的只是链接到亚马逊、当当网进行图书销售，取得利润提成，到现在可以链接到淘宝网、京东网、企业官方网站等各种在线销售平台，豆瓣网有效地把宣传和销售联系起来。如果品牌传播只限于宣传，而不涉及销售，导致用户再到另外的销售渠道购买则会增加用户各种成本。所以豆瓣这种将传播和销售紧密相连的运营模式，能给用户带来更加快捷的购物体验，这也是社交网站品牌传播的发展趋势。

（3）需求方可以为其他需求方、供给方与平台所有者创造价值

- 为其他需求方（不同产消者（需求方）之间的价值共创）

用户不仅可以跟随豆瓣后台分析的脚步，踏上寻找自己兴趣的惊喜之旅，还可以用一种更为可控的方式来扩大自己的爱好圈子。比如用户在豆瓣读书板块中，看到了自己感兴趣的《了不起的盖茨比》。在用户点击书本介绍下面的"想读""在读"或者"读过"之后，豆瓣会自动生成书单推荐：喜欢读"小王子"的人也喜欢读的电子书、喜欢读"小王子"的人也喜欢以下的书、这本书还有以下版本、以下豆列推荐过"小王子"等等。页面上还

显示谁谁谁几分钟前读过这本书,有多少人想读、多少人在读、多少人读过等信息,让正在关注这本书的用户一目了然,帮助他们在读书过程中发现"同好"。

能引导用户进行点击,发现用户兴趣最直接的方式是"豆瓣猜"。"豆瓣猜"可以根据用户发表的日记、评论、图片等记录生成微内容,然后根据微内容将用户可能感兴趣的书籍推荐出来。用户遵循着豆瓣推荐会发现更多适合自己的书籍。从《了不起的盖茨比》这一条鱼为起点,豆瓣用那张在信息海洋里展开的铺天盖地的大网,根据用户以前吃过的鱼的颜色、种类、味道、外形等信息,最终得以准确捞到用户最喜欢吃的那类鱼。同样的,豆瓣电影,豆瓣音乐亦是使用相同的方式引导用户找到更多兴趣点。

- 为供给方(产消者与供给方间的价值共创)

豆瓣网的核心用户群比较固定是精准传播得以实现的基础。豆瓣网用户主要是具有良好教育背景的都市青年,包括白领及大学生。这种相对窄化的使用群体能给广告投放、供给方宣传提供相对固定的对象,便于供给方把握受众信息,分析受众心理,包装品牌信息,然后以受众喜欢的方式传递出去。

选择在豆瓣网做广告的供给方也是以新潮、活泼、时尚的产品制造为特征的企业。这些企业产品能够引导都市小资情调,善于营造文艺小清新氛围,特别适合豆瓣网用户这种群体使用。所以选择豆瓣网进行品牌传播的会有电子产品,如手机、电脑、照相机,也会有服饰类产品,如牛仔裤、丝巾、鞋子,但绝对不会有农用产品出现,如化肥、农药、收割机。

豆瓣平台的产消者资源交互及信息传播,进一步彰显了平台用户的消费倾向及消费需求,同时通过平台消费者间的互动信息进一步抓取数据,进而分析消费群体的交互特征。该平台内部通过挖掘产消者的消费倾向于需求,进一步使其称为供应方(企业)及普通消费者的链接媒介。产消者可以通过产品宣传加入产品链接,引导普通消费者进行不同产品的消费,进而促进营销互动。

● 为平台所有者（需求方与平台间的资源交互）

Web2.0时期，平台出售的是用户的注意力、购买力和影响力。信息流汇聚成价值流，而价值流需要一个引爆点的效应，才能转化为商业模式中的资金流。豆瓣引爆的就是一种用户生成内容（UGC）所带来的价值。豆瓣后台掌握的用户信息，是能帮助豆瓣网实现精准兴趣传播的根本。如果用户在豆瓣使用过程中更多的关注户外运动方面，那么就可能收到"在骑行中注意事项"网页的推送；如果用户关注了热爱登山者的广播，豆瓣就会更多地给他推荐户外运动类商品，比如耐克鞋子、The North Face户外服饰、英迪格酒店等。用户自己的使用习惯和兴趣爱好决定了会有哪些商品在用户的豆瓣之旅上等待着那一场"不期而遇"。

10.1.5 品牌契合平台

豆瓣网的品牌宣传和在线购买是一体的。豆瓣网所有的广告点击之后，都会出现购物链接，链接到该商品的网上专柜或者淘宝、京东、亚马逊等购物平台，用户在线购买之后就可以收到商家邮寄的货物。以线上销售的方式传播，和电子商务平台合作收取利润分成也是豆瓣网的营利模式之一。如果有用户通过豆瓣网的链接，进入购物平台进行购物，购物平台则要支付豆瓣网10%的利润。

在豆瓣，我们看到的企业品牌传播是一种形式的，或者是图片广告，或者是品牌企业联合豆瓣举办的各种活动，或者是借助豆瓣小站、豆瓣小组来宣传品牌理念收集反馈信息。也有很多品牌是把以上几种方式结合起来，但是没有一家企业是从纵向时间轴上来宣传品牌，让自己的品牌循序渐进地深入用户心底的。这也是豆瓣在企业品牌传播上应该考虑的策略——为企业制订长期传播规划。

为企业制订长远的品牌宣传规划，循序渐进开展传播，一方面可以长期拉拢广告客户，让他们在认同豆瓣的宣传推广策略以后，做好长期投资的准备；另一方面，可以使品牌一点点渗透用户心里，不至于引起用户反感。豆瓣网有些广告用了各种方式进行传播，但是用户不去点击的情况也是存在的。在笔者的调查问卷中，从来没关注过豆瓣各种广告的用户也占到了25%的比例。杨勃自己也承认，"不被打开的体验其实是最差的体验"。而那些从来没被关注过的广告对于广告商来说也是最差的体验。

豆瓣需要改进自己与企业品牌的关系，不仅仅在广告形式上推陈出新，为企业确定合适的宣传方式，更要在时间上前后相承，制订出符合品牌发展趋势的宣传规划，这对于豆瓣网和企业品牌传播是双赢策略。因为消费者在作出购买决策时，会依据自己的品牌印象和亲朋好友的推荐，同时取决于该品牌的知名度和美誉度。如果产品品牌在进行过一段时间的传播之后，消费者心目中建立起来知名度，又通过口碑传播建立起了美誉度，那么再进行下一个阶段传播，进而提升消费者对品牌的忠诚度。

此外，豆瓣针对不同用户喜好进行不同产品的推荐，利用长尾营销将无数"小"品牌进行着"大"传播。"小"是指中小品牌、销售遇冷的产品。"大"是指囊括种类多，受众范围大。豆瓣中各种中小品牌，从衣服、饰品、鞋子这种大众化消费产品到手绘茶杯、手工卡袋、精美勺子、民族耳环等各种稀奇古怪的东西应有尽有。

由于豆瓣的受众范围广泛，每个受众的兴趣爱好各不相同，在豆瓣，只要需要的东西一定能找到，只要有人卖就一定会有人买。

豆瓣网要更好地进行企业品牌传播，就不仅仅要在大企业品牌上下功夫，为它确定花样繁多的传播形式和策略，更应该重视中小企业的品牌传播，着重利用互联网时代的长尾营销，把大热门引导到长尾，使得中小品牌在一定程度上实现大传播。为企业带来利润的同时，更使得豆瓣网的广告收入提升到新台阶。

10.2　知乎案例

在Web1.0时代，网站通过专门的团队生产内容向用户提供信息，主要以技术为主导，呈现出拥有巨大用户点击量的"门户化"的特征，传播方向以单向行为为主，用户之间没有真正的社交互动。其特点是传播为单向行为，用户通过浏览网站，获取自己需要的信息，用户与网站间，用户之间的互动较少，其核心是技术。

在Web2.0时代，社交和互动功能被放大了，基于"使用与满足"理论，用户被赋予更多身份，既是内容的消费者，也是内容的生产者，还可以针对内容与网站之间，用户之间进行反馈，同时，用户需求被置于更高地位，网站会根据用户的需求进行网站优化，用户与网站间实现双向的互动交流，其核心是理念和服务。

在Web2.0时代发展至今，社交性成为万众瞩目的焦点，社交问答网站开始崭露头角。社交网站的特点是用户生产内容（UGC），其既可以分享知识，又可以进行社交。SNS（Social Network Service），即社交网络服务，其含义包括硬件、软件、服务及应用。Web1.0到Web2.0发展的每个历程，都具备自己独特的时代印记。其目的，都是让信息更好地传播，为人们更好的接触知识环境。

以答案本身为核心的搜索问答模式不同，社会化问答模式更注重用户的个人知识背景，并在形式上摒弃了选择最优答案的传统做法，而鼓励更多用户围绕各类问题参与话题讨论。一方面这种模式产生的答案原创性更高、专业性更强，能够实现对隐性知识的深度挖掘；另一方面，在关注机制的作用下，社会化问答平台内构成了众多基于真实人际关系的、复杂交错的社会网络，对这种网络形态进行研究有利于解释信息在社会化问答平台的传播方式，掌握社群网络中观点和意见的形成规律。

10.2.1 知乎简介

知乎是一个开放性的社会化问答网站，而这一形态的前身是2009年6月创建于国外的Quora。知乎网站2010年12月开放，开放伊始采取邀请制注册方式，形成了高质量的用户圈子和问答体系。自2013年3月以来向用户开放注册的知乎,其用户数量迅速增长,社区规模也在急剧扩大,同时影响力也在不断提高。

10.2.2 用户分析

知乎定位的人群不单是普通大众,更多的是对于知识有渴求的人们。这部分人对自己所需的知识有着明确的定位以及分享自己知识的想法,他们愿意将自己的问题提出,即使在某些人眼里,问题十分简单,也愿意向他们分享自己的知识。

知乎的用户可以分为问题发起者,问题回答者,答案点赞者,答案评论者,内容编辑者,信息分享者和环境维护者。

从阶层分类,知乎的用户可以分为以下三种:第一类,权威用户,这类用户主要来源于早期邀请注册制阶段,典型代表如创新工场董事长兼 CEO 李开复,果壳网创始人姬勃,小米科技董事长雷军等;第二类,掌握某领域专业知识的专业用户,这类用户是拥有专业知识,并且乐于分享和生产高质量知识的平民用户,这类人积极回答自己擅长的问题,喜欢用理性、严谨和负责的态度分享知识,一步步积累人气,逐步成为在某领域有影响力的专业用户;第三类,普通用户,这类用户往往多是信息的阅读者和反馈者,他们会经常阅读感兴趣的话题,点赞或者评价,但他们往往并不是生产信息的主要成员。

10.2.3 功能结构

打开首页的最新动态,用户可以看到自己关注的话题和关注的用户的最新动态,也可以使用关注问题、分享、收藏、感谢等功能标记自己感兴趣的话题和问题。而对于自己认为无效或者无价值的答案,用户可以选择没有帮助这一选项。

在目前充斥着灌水之风的互联网,知乎社区的问题和回答水平都保持着同类中的高质量,其营造的这种社区模式值得研究。这和知乎的整体氛围有着紧密的关系，当一个社区整体交流问题的水平保持在一个界限的时候，那些格格不入或是远低于这个水平界限的群体就会逐渐消失。这是一种社区的群体认同。

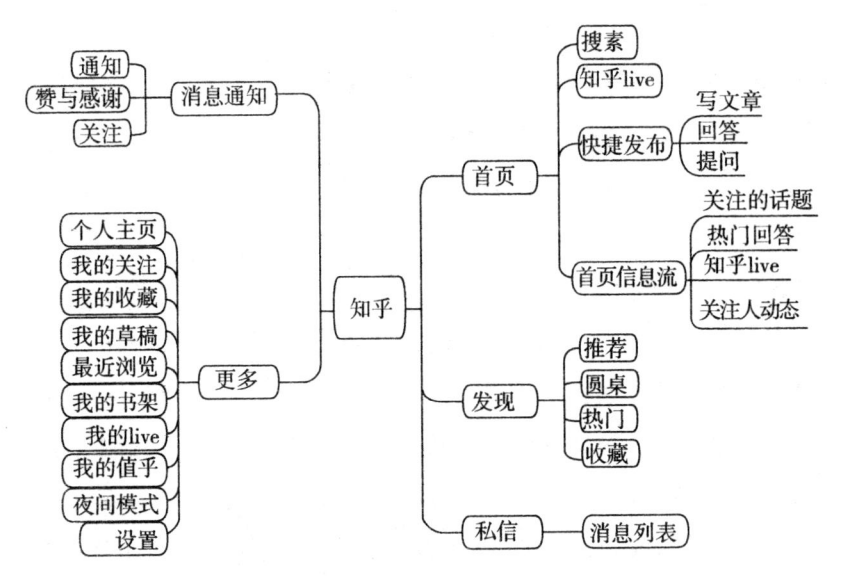

图 10.1　知乎功能结构图

另一方面，为了防止有人从中灌水，恶意中伤整个社区，知乎对提问进行了过滤，比如对于所提问题同质性的过滤以及对低质量问题设置的"隐藏"和"没有帮助"这样的标签，来抑制破窗效应。知乎的回答中答案的异质性相对较强，从第一条评论往下看核心、观点相近的答案很少，且某一问题右侧页面会显示相关问题，便于用户查看，发表观点，进行互动。人性化设计之初体现在对该回答点赞会显示姓名，而点反对却不会显示姓名，这在一定程度上使得用户可以更加客观而无后顾之忧地做出判断，从心而选。对于优质的话题，用户也可以选择右侧下方分享按钮，分享到新浪微博，让好友圈用户看到的同时，一定程度上也推广了这个社区本身。

10.2.4 内容分析

知乎拥有包括科学、宗教、游戏等33个话题，每个话题设有多个子话题。例如，知乎分为生活类问题、行业类问题和看法类问题。生活类问题与生活体验相关；行业类问题主要针对特定行业领域，比如"聊聊设计师/产品经理这两个职业""在会计师事务所上班是怎样一种体验"等；看法类问题主要是个人对某个现象和事件的看法和态度。

10.2.5 平台分析

知乎力求将简单的"问—答"模式做到极致，以"问—答"模式为核心，知乎还发展出知乎日报、知乎周刊、知乎live、知乎专栏、和知乎出版等衍生品。知乎日报是对知乎每日精彩问答的筛选；知乎周刊则选出每周有价值的问答；知乎专栏是知乎的自媒体试水；知乎出版是由知乎发起的新型出版，可以让出版参与人主动参与出版物生产的全过程，其中涵盖了众筹出版、分众出版、自助出版、协同生产等新型理念，并先后于2014年1月和2014年11月与中信出版社合作，推出了《创业的时候，我们在聊什么？》和《金钱有术》两本纸质书，在出版业界产生不小影响，成为行业内关注的热点。2016年5月14日，知乎live上线，发起者可以创建一个Live，用户点击即可关注，并支付门票（票价由答主决定）后即可进入相关主题群，群内可以用语音的形式针对该问题进行交流，此功能提高了信息交流效率。

10.2.6 知乎的平台价值共创模式分析

（1）平台供给方可以为需求方、其他供给方创造价值并与平台所有者共创价值

- 为需求方（权威性和专业性的回答）

互联网上的信息是海量的，如何披沙拣金、去粗取精是用户在互联网使用中始终难以解决的问题。作为以获得新知为主要目的的SNS社区，知乎上

大量的社科知识、前沿动态、局势分析等问答，能够让使用者根据"赞同"数量、评论互动情况来挑选自己需要的信息。一些与日常生活相关的问题带有明显的倾向性或强烈的主观性，这些问题的回答、评论等互动行为，使答案本身成为情感沟通的出口，有相关需求的用户或从中得到安慰、共鸣，或从中得到帮助乃至采取行动。

知乎用户在知识生产的过程中扮演了传播者的角色，知乎答主往往都是专业人士，在其从事的领域有一定的权威性和专业性，在回答时会将理论与自己的专业实践相结合形成的知识，往往比图书中的知识具有更强的操作性和理解性，受者更容易接受。即使有些答案受者难以理解，也可以将问题再次反馈给答主，在不断的沟通和交流中使知识内化于行。

- 为其他供给方（内容修正和完善）

知乎上的知识并不是固化的，而是始终变动进化的。在问题和答案下，其他用户可以进行评论，直接与问题发起者和回答者进行交流。在答案下知乎引入投票机制，用户可以对答案点赞或反对。用户的点赞行为会关联到个人账户，推荐给自己的听众，而反对行为是匿名的。参与协作者还通过投票、点赞和举报等机制对问答内容进行修正，在一定程度上完善内容的生成。

- 为平台所有者（带来独特价值的重要维度）

"有问题上知乎搜索一下"可以成为对知乎平台价值的最佳概括。知乎凭借优质的内容，已占据互联网信息传播的过程中"信息上游"的位置，来自事件亲历者和当事人的经历分享，相关从业者的说明和解读，也往往能够获得更加广泛的媒体关注及社会化关注，并在微信朋友圈、微博、搜索引擎等渠道得到传播。

用户也成为知乎品牌带来独特价值的重要维度。高收入、高消费、高学历是知乎用户的主要特征。这些高知，具备独立判断力的知乎用户们通过在各个领域的知识分享，往往已经获得了强有力的"个人品牌"和社会认可度。当人们越来越依赖专业人士的帮助和建议，那么他们就能成为真正可以引爆话题、影响决策的人。

（2）知乎作为平台所有者为需求方和供给方以及其他平台提供了信息与商业基础设施

- 为需求方

知乎建立了一套完整的知识生态圈，将知识生产、知识管理和知识服务三个环节有机融合，形成一个紧密衔接，相互依存的循环，源源不断地生产着高质量的专业知识。

知乎的知识生态圈从知识环境的宏观方面和微观方面上都有重要的现实意义和实用价值。从宏观上来讲，知乎的生态圈将知识生产，知识管理和知识服务通过先进的理念与当下的信息技术完美结合，有效地减少了知识在这三个环节之间传递所花费的时间和成本，提高了效率，同时，由于知乎的知识生态体系是一个完整的循环，避免了受制于第三方商家的限制。

知乎以用户目标作为驱动，从"是否提供了用户需要的信息"转变为"提供的信息是否解决了用户的问题"。从用户需求出发，以问题反推用户的动机，而用户的评论和反馈又构成对产品质量的监测和改进依据，在围绕问题而形成的对信息捕捉，分辨解析，重新组合，应用推送的动态连续服务，进而形成比答案有更高操作性和指导性的解决方案，并及时将更新和完善推送给受众。

- 为供给方

在知识生产方面，改变了以往以权威机构作为知识的主要来源的状况，而采取问答的形式，集结了各领域专业人士针对问题分类按需解答，为人人成为知识生产者提供了可靠的平台，而这个解答的过程，也是知乎上主要的知识生产方式。信息交换理论认为，"组织中的人们对待信息交换的态度就像其他的交换行为一样受到其社会和组织环境的影响。"

不论用户的背景如何，在知乎社区都能得到平等对待。只要用户具有相关专业知识，并对问题进行认真、负责任的回答，用户就有可能在该领域得到认可。这就是知乎提倡的"认真你就赢了"的营运机制，它鼓励高质量用户分享知识、经验和见解，让社区人群高效地连接起来，从而形成一个理性、认真、友好的社区氛围。这样，用户在知乎的生态圈中，通过分享知识收获快乐，学习交流提升自我，帮助他人获得满足，积累声望获得关注，寻找商机结交朋友等。知乎对于知识的尊重和分享的激励构建了知乎社区的舆论生态。

- 为其他平台

对于一部分生产者来说，他们在知乎上花精力输出内容，营造个人品牌，可以产生更多利益。比方说引流到自己的公众号/pr 宣传/求职招聘/软广告等。很多平台都有这样的行为，这样的行为对于内容生产者和平台来说是双赢。

此外，知乎作为一个高质原创内容的聚集地，也是 BAT 为代表的网络巨头争夺的目标。例如，2015 年 11 月 8 日，搜狗搜索和知乎举行联合发布会，正式对外公布合作的具体内容。通过这次合作，搜狗可以接入知乎海量优质内容，搜狗搜索为此在首页设置了知乎频道；知乎可获得搜狗定制化搜索解决方案，升级站内搜索引擎，改善无线端和 PC 端的搜索功能与服务。

（3）需求方可以为其他需求方、供给方与平台所有者创造价值

- 为其他需求方（促进不同信息在不同群体间的交换）

知乎平台上问题提出后，问题发起者和浏览者都可以邀请其他用户对该问题进行作答。问题发起者最多可邀请 15 位用户，而浏览者却没有邀请数量限制。被邀请用户可以通过忽略邀请选项回绝，也可以继续邀请他人进行作答。类似线下的邀请，知乎邀请模式在客观上提高了平台用户对问答行为的重视，提问者发起问题时会更加谨慎，而回答者也获得被信任感更倾向于分享更多负责任的内容。

知乎设计这一功能的初心是让用户更方便、迅速地找到能够帮助自己解答问题的其他用户。因此，顺畅的邀请回答行为建立在相对明晰的用户侧写前提下。为了解决邀请行为的盲目性，知乎在邀请标签下除了提供搜索用户功能外还推荐相关用户供邀请发出者选择。这种推荐模式基于用户的问答行

为，用户在相关话题下做出回答就更有可能被推荐出现在该话题下的问题中。用户的问答过程会被即时反馈到平台上，其他用户也可以看到，可以参与进行讨论，这样，在生产知识的同时，也为用户提供了知识服务。与此同时，知乎还将平台进行分类，在用户进行提问时，就已经将该问题归类到某一专业下，对于精华问题的选择，是通过用户的点赞进行的，利用现在的信息技术，可以在瞬间完成，有效地减少了知识在这三个环节之间传递所花费的时间和成本，提高了效率，提高了效率。

- 为供给方（促进不同信息在不同群体间的交换）

知乎的邀答和关注模式，双方在信息交流的同时建立了弱关系，从而促成了社交功能的实现。相较于强关系而言，弱是关系能促进不同群体之间信息的流动，使原本某个群体接触到接触不到的信息。弱关系群体来源广泛，接纳外来文化，使原本不会有接触的用户建立联系，促进不同信息在不同群体间的交换。

- 为平台所有者（激发用户被动回答问题、生成内容的动力）

邀请回答模式通过人际关系为用户与问答内容建立起平台关注功能之外的弱向联系，拓展了知乎用户和内容网络。这种模式是用户激励策略之外的另一种动能，可以激发用户被动回答问题、生成内容的动力。

10.2.7 品牌契合平台

知乎原生广告是知乎最早为品牌提供的以 UGC 内容与用户深度交流的途径。与传统展示广告所不同，原生广告是以卡片形式嵌入社区首页信息流中，用文字、图片等目前知乎社区内支持的内容形式，自然融入到登录用户主要使用场景的广告产品中。品牌原生广告主要出现在知乎日报的"这里是广告"栏目、专题栏目"瞎扯"和"小事"中，知乎站内则会以原生文章广告、原生问答广告的形式出现。原生广告会在投放结束后继续保留页面，根据内容质量参与站内搜索排序，持续影响后续用户，成为品牌的永久资产，在知乎播下品牌核心传播内容的种子。

例如，兰蔻在每一轮原生广告投放之后，整体的日均品牌关注度都会上升一个梯度；SK-Ⅱ在知乎日报的"这里是广告"栏目里，向用户征集中文翻译版本的英文广告，获得大量知友反馈后，品牌方又陆续制作了第二期广告，让品牌代言人汤唯拍摄小视频，将向用户征集的翻译念出来，拉近了与用户的距离，带动了大量关注和互动。

机构账号是品牌机构与用户建立平等对话的深度互动工具。除了最初的第一批入驻知乎机构账号的品牌，越来越多的品牌出现在知乎平台，包括自身就是强大平台的天猫、支付宝、QQ音乐等。截止到2017年7月中旬，入驻知乎的商业型机构达2013家，占比高达95.3%。目前机构账号拥有提问、回答、发布机构文章以及参与评论等常规功能，机构账号后续将与站内广告系统打通，机构方发布的文章和提问也将作为广告素材，能够通过广告系统进行投放，从而覆盖更广的站内用户，提高品牌传播效率。

知乎还将考虑提供增值工具：如投票、内容征集、线下活动召集等，扩大化发现、定位及维护目标用户，并产生线上线下联动。

稀缺资源精准投放除了机构账号和原生广告外，知乎也为品牌主提供基础广告产品——展示广告。通过单个图片、轮播图、微动图的形式，展示广告会在知乎社区和知乎日报的开屏、社区首页和内页，这些页面也是用户视觉停留的相对集中区。同时，知乎采用定向策略，基于大量优质用户主动关注的"话题"、"问题"数据，以及浏览互动的行为数据，精准计算用户与广告的相关度，在与品牌用户结合相关的内容环境中投放，进一步提升展示广告的效果，通过精准投放实现最大程度的品牌曝光。据统计，知乎客户端开屏的CTR目前在15%-20%左右。

不论是回答、点赞、分享、回复，都是用户在与品牌进行互动，知乎于是把这些维度综合成一款数据产品"知乎指数"，通过这个指数产品，能够衡量品牌及竞品在知乎站内的品牌影响力变化与对比，同时将的品牌行为与品牌指数对标，可以让品牌营销更有效率以及针对性。

除了数据的变化，当搜索品牌词时，也可以了解品牌与站内哪些问题相关，那么品牌可以有针对性对这些问题进行回答，输出高质量内容。在增进品牌与用户互动和交流的基础上，知乎推出了一款数据产品"盐值"，协助品牌去衡量和追踪自己运营的效果。机构账号发布内容的质量、频度、用户交互情况各项指标都将影响机构账号成长体系数据指标，不同的机构账号成长体系会与社区产品的传播和推荐机制有联动，获得不同级别的有针对性推荐，协助品牌衡量和追踪运营效果，进一步制定更优化的运营策略。

知乎还打算在后期打造一个类似于数据报告的产品，会先提供给机构账号，综合反映账号的舆情数据，并提出运营建议。例如我们观察到站上用户对品牌的某一个产品或者某一个公关行为有些疑问现在热起来了，品牌可以提前或及时得到舆情反馈。此外，对不同的营销场景和产品的组合应用，知乎也从品牌所处在营销过程中不同阶段，从品牌认知、品牌认可到品牌忠诚的不同诉求角度给出建议。

在知乎上，没有过多的 banner 广告位，即使品牌通过机构账号发布内容，也必须找到言之有物，找到品牌传播与知识社区兼容的契合点。另一方面，对于明白无误的广告，即使内容契合社区，知乎仍会标注"广告"二字，这是知乎的良心。

知乎仍是品牌主眼中的蓝海，而且皆然不同于微博微信的用户生态，让品牌在知乎上谈起营销来，总带着更多谨慎和认真。但品牌也在从中获益，当"品牌营销不仅停留在曝光层面，还转化成对品牌的信任和认可，这样才能在消费升级时代形成品牌的持续竞争力"这一观点正在获得越来越多品牌营销主认可时。也有越来越多的从业者选择将营销思路从传统的单向曝光和浅层信息传递，升级为双向沟通加深度影响，知乎站内的高净值人群，以及在站外的高搜索权重，让品牌的影响力不断扩大。

虽然品牌内容营销进行得如火如荼，但知识型营销才是提升消费者对品牌文化品位认知和好感度的利器。当消费者通过知识性信息了解到品牌的产品、服务与文化，自然会对品牌产生持续的关注与情感，也会将潜在的消费需求转化为真实消费。知识型营销，也是传递品牌的一种生活态度。这正是品牌在知乎上可以做的事。

10.3 研究结论

通过对大众产消者为主导的知识性平台（豆瓣、知乎）进行研究，得出如下认识。

首先，企业与消费者的交互以提供服务为目的，且为消费者提供更精准和更增值的服务。豆瓣平台产消者主要通过其所掌握的资源，实现不同群体间的共享和对接，进而实现平台、品牌商及用户间的互动，实现多主体间的互利共赢；同时通过产消者与普通消费者间的个性化互动，为普通消费者提供更有针对性的产品和服务，实现平台内产品信息的增值。

其次，平台内部的需求方、供给方、品牌商之间的资源共享和资源对接为平台价值共创提供基础。平台内部资源识别是企业与产消者建立合作的关键过程，为深度的资源共享和对接创造了条件；资源共享和对接是价值共创情境下协同演化动态能力的重要资源。

最后，平台促进了多主体间异质资源的形成和交互。一方面，豆瓣平台强化了消费者群体（产消群体）交互，促进了社交网络平台的知识分享和信息传播，使部分拥有更多资源和能力的消费者更容易整合个体操作性资源，进而影响不同的消费群体；另一方面豆瓣平台强化了产消者间、供应商与消费者、品牌商间的实时交互，为互补性异质资源的交互与整合创造了技术条件，其借助平台技术的便捷性和广泛性，信息可以更加全面快速地送达消费者，是消费者与企业随时随地反馈与互动成为可能，进一步提升了平台内部的商业价值及用户体验价值，从而实现平台的价值共创。

第 11 章　意见领袖型产消者为主导的知识性平台（小红书、微博）

11.1　小红书案例

互联网时代的高速发展为网络用户创造了全新的内容资讯获取平台，在 Web2.0 时代，以用户生成内容（User – Generated – Content）的形式提供内容的平台不断涌现。与此同时，创造可观经济价值的电子商务结合了 UGC 内容形式塑造出了一种全新的购物方式——社交化电子商务。

社交化电子商务平台通过采用瀑布流形式将更多更优质的内容平铺直叙地呈现给消费者，用户可直接关注自己感兴趣的东西，同时对自己喜欢的商品进行收藏、关注，第一时间看到自己关注的商品价格与服务的变化。

在国内，小红书作为社交化电子商务中异军突起的海淘购物 UGC 电商社区，凭借其自身优质的社区资源以及良好的购物体验，在产品上线后不久就获得了可观的经济收益。

理论上，现有基于服务主导逻辑的价值共创研究既强调企业与消费者的互动，也强调基于互动的资源整合和服务交换（Vargo 和 Lusch，2004，2008），形成了客户价值创造、企业与消费者合作创新和服务生态系统等热点议题（简兆权等，2016）。尽管不同视角的研究具有情境差异，但总体上强调企业必须从"以企业为中心"的单边范式向"企业——消费者合作"的交互范式转变（FitzPatrick等，2015），并指出，在服务交换过程中，消费者有能力整合个人资源来参与价值共创（Grönroos and Gummerus，2014）。然而，现有研究在讨论二者互动关系中主要讲消费者视为一个整体，较少将具有特殊能力的消费者（产消者）抽离出来以探讨企业如何与特殊消费者开展合作来共创价值，以实现营销转型。

动态能力是企业进行调整的重要基础（Teece，1997，2007）。现有动态能力理论主要关注以企业为核心的资源获取和资源利用（Helfat 和 Winter，2011）。然而，随着消费者增权和共享经济的到来，消费者拥有的个人资源难以被企业完全获取和支配，需要通过批次的资源交互来实现价值共创。尽管有部分研究分析了消费者对企业动态能力的影响（Robert 和 Grover，2012；Wang 等，2013），也有研究探讨企业通过与消费者的互动形成协同演化动态能力的过程（肖静华等，2014），但尚未解释企业与消费者协同演化中的资源交互机制及其对企业能力的影响。

11.1.1 小红书简介

小红书创办于2013年6月，最初小红书的定位是，"用户分享境外旅游购物攻略"，随即成为海外购物的移动垂直类社区；一年后引入自营电商"福利社"，直接与海外品牌商或大型贸易商合作，通过保税仓和海外直邮的方式发货给用户。目前，小红书的两个板块：UGC（User-generated-content）模式的海外购物分享社区及跨境电商"福利社"已经实现了较好地融合，凭借活跃的社区口碑和正品保障的自营电商模式，在不到五年的时间里，小红书的用户数量突破5000万人，销售额呈井喷式增长。

尽管小红书在成立之初采用的是由专家达人来提供内容的PGC模式，但是在购物笔记功能上线之后，小红书就摒弃了这一模式，转而正式开启了UGC模式。

2013年9月,"小红书"采用UGC社区形式上线。在这一平台上,所有人都以平等的方式生成并分享自己的购物心得。同时,一些跃跃欲试者也在这里找到了出境购物策略,同时还能对发布者进行评论、点赞和收藏。随着社区用户需求增加,用户可以在社区的福利社中购买到物美价廉的海外产品。

在小红书社区内,全部的信息由用户生成。在Web2.0环境下,由原来的以下载内容为主变成下载和用户生成、上传并重,包含了用户自己以各种形式在网络上发表的图片、文字、视频或音频等。

打开小红书App后显示的首页,其上的内容全部来自UGC,都是小红书的用户发布的笔记。根据每个用户的兴趣,关注的标签类别显示在上面的内容都不一样,也就是说,不同用户的页面上显示的都是自己感兴趣的标签。小红书的平台特色就在于其采用的UGC模式能够激励用户主动参与,互动空间大,内容的优质性高,传播速度快范围广。

11.1.2 用户分析

目前,小红书的使用者以学生和白领居多,其中女性占到全部用户的70%–80%。这样的数据分析,让小红书更加明确了自己的产品定位和用户定位,随着用户群体的扩大,小红书的用户分众化战略也在不断更新。

小红书最初的定位是给出境者一个分享购物心得或为即将出境者提供一个获取购物攻略的交流平台,但随着网购的盛行和越来越多年轻人对海外产品的追捧,国内也出现了小红书的忠诚粉丝,这些用户可能并没有出国的打算,但是他们想要更多地了解海外产品信息。

11.1.3 内容分析

在大数据时代,小红书用数据将散落的用户心得集中到同类专题,将信息结构化,用户在分享购物心得时,不仅可以长篇码字,还要上传高像素照片,编辑商品名称、照片、价格以及购物地点,照片下面还有该商品的标签，最重要的是用户可以通过评论跟发布者互动。在搜索栏里，输入一个商品名字，可以得到相关笔记、商品以及用户三类信息。小红书在分享社区的首要成功之处就是将购物笔记做成了垂直社区。

11.1.4 产品分析

小红书的口号是"找到国外的好东西"，关注于如何提升用户的生活品质。其目前的定位相对十分明确，即先作为一个社区，通过UGC的形式为想购买国外商品的用户提供实时的购物信息以及使用心得，然后借助上线以来的数据沉淀精选出独特选品以跨境社区电商的身份进行网上销售。总之，小红书目前将自己定位为一个新时代的社区电商。

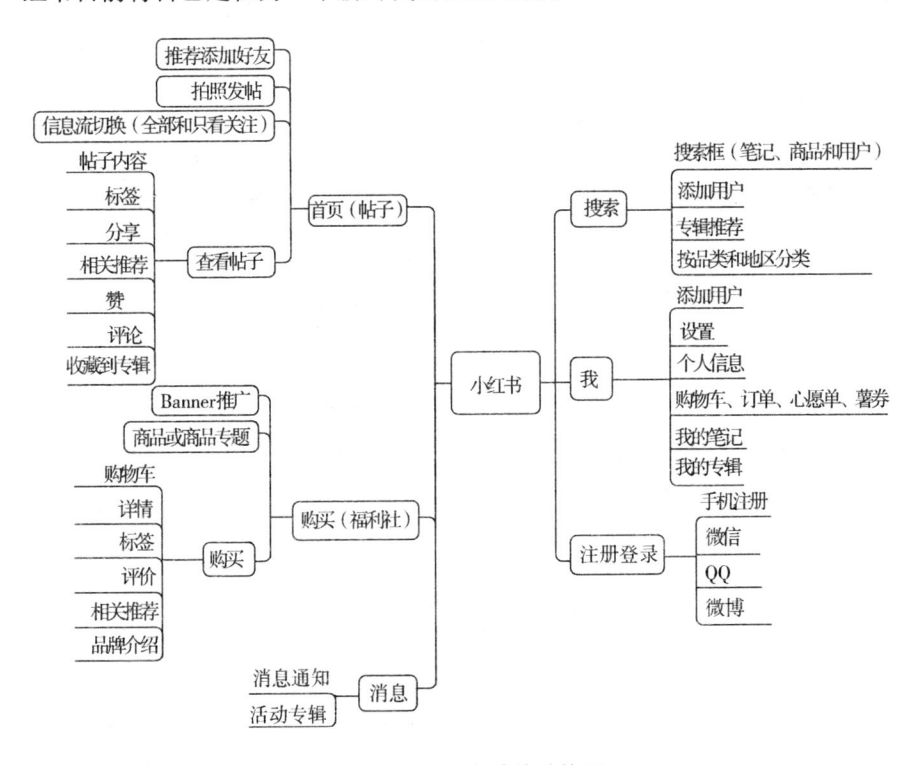

图 11.1 小红书功能结构图

11.1.5 小红书的平台价值共创模式分析

（1）平台供给方可以为需求方、其他供给方创造价值并与平台所有者共创价值

- 为需求方（为需求方提供便捷的互动窗口）

数字平台突破了实体市场空间与时间的限制，大量供给方能够为需求方提供丰富多样的产品与服务。用户只需要下载小红书App，注册登录后就可以将自己的购物心得发布在上面进行好物推荐，或者是让其他还未购买过相应商品的潜在购买者不要"踩雷"。用户还能在相应的专题中晒出自己买到的东西，通过相应的品牌、价格等标签让其他用户一目了然。这种产消模式为平台中的需求方创造了巨大的价值。每位用户都能对别人的购物笔记进行评论问询，也可以回复其他用户的各种问题。

- 为其他供给方（实现不同供应方的多方获取与配用资源）

平台上的供给方一般分为不同的层次，基础层次的供应方往往成为较高层次供给方的组件。

小红书初创时期，为了找到并维护好高品质高质量的核心用户，其运营主要围绕意见领袖进行，包括与达人签约、力挺达人、社区造星等。达人们为初创期的小红书产出了高质量的内容，让社区保持了较高的活跃度，形成了中心化的社区模式。随着流量的增加和用户活跃度的提升，小红书逐渐变更产品策略，运营侧重于"重内容分享体验，重内容浏览体验，重社区互动活跃"，由中心化模式逐渐发展为多元化、去中心化的社区模式。

小红书主导的新型社区电商模式以信息驱动，用户生产内容，通过真正的社交信息流方式，将线下逛商场时的冲动消费场景搬到了线上。告别了互联网电商比价场景，而代之以口碑营销的新模式。信息平台会注重优质内容的累积，适合新入品牌，然后通过搭建供应链完成产品闭环。

- 为平台所有者（平台的基础组件为平台自身发展提供硬件基础）

平台所有者提供了系统的核心组件，供给方基于平台进一步创新，提供

了与平台互补的产品,丰富了系统的功能。平台所有者能够为需求方、供给方创造价值并与其他平台所有者实现价值共创。

由于随着流量的增加和用户活跃度的提升,小红书的运营模式由中心化模式逐渐发展为多元化、去中心化的社区模式,其优质内容和用户黏度为产品的进一步发展奠定了良好基础。

社区解决了用户"买什么"的难题,且经过成熟运营已经积累了用户数量和行为数据。为了解决用户"在哪买"的问题,2014年12月,小红书顺势而为,正式上线电商平台"福利社",从社区升级电商,完成了商业闭环。为了保证商品品质,小红书采取自营加保税仓的模式,直接与海外的品牌商和大型贸易商合作,搭建供应链。上线仅5个月,在广告零投入的情况下实现了2亿多的销售额,有极高的转化率和复购率,充分体现了社区高黏性用户在电商接入后的极高购买力,"社区+电商"模式带来了用户和盈利的双增长。

同时由于小红书福利社积累了大量的商品口碑和用户行为,因此这些数据能够帮助小红书更好地选择。

(2) 小红书作为平台所有者为需求方和供给方以及其他平台提供了信息与商业基础设施

• 为需求方(基于产消者互动的开放社区平台)

社交平台的所有者为需求方提供了一个在线社区的环境;电商平台的所有者为需求方与供给方提供了搜索、匹配等信息服务以及金融、物流等商业服务。

小红书成立初期提供的是购买攻略。创始人团队通过找当地购物达人编写、制作出PDF文档,用户通过PC端与iOS平台下载离线阅读,可通过手机、iPad随身携带,也可被打印出来。攻略包括不同国家的退税打折信息、品牌特色商品推荐、购物场所、地图索引和当地实用信息。这样的攻略类似于工具书,可以满足例如购物欲望并不强烈的男性等轻度用户的需求。而工具性质的攻略书上的信息是静态的,不利于分享和实时信息的更新。他们认为必须找到一种方式去弥补攻略在信息流动性上的不足。

之后,"小红书购物笔记"在苹果应用商店上线,它是一个垂直类社区,用户以具有境外购物习惯的女性为主。作为小红书最重要的核心功能——社区功能,购物笔记鼓励用户分享出用钱买出来的购物经验,为此,社区里有购物达人榜,每个达人会有类似皇冠、勋章等代表达人级别的虚拟头衔,在内容上有贡献的用户会得到积分奖励。而对于还没有到达目的地的用户来说,它设置了一个具有收藏功能的"心愿单",能方便用户下次出行时照单购物。在一些重要的节日,小红书还考虑将其心愿单透露给自己的亲朋好友,帮他们完成某个购物心愿。小红书采用 UGC 社区形式为想购买国外商品的用户提供实时的购物信息及使用心得。用户的分享由一张图片和三个标签构成,能够回答海外购物中的三个关键问题:买什么,哪里买,多少钱,形成高质量的分享。同时小红书通过将大量分享的数据结构化,来为用户提供基于目的地、品牌、品类等多维度的购物参考信息。因此有人评价小红书为海淘版知乎。

- 为供给方(技术支持下的开放社区平台)

创新或产品平台的所有者还为供给方提供了技术支持。除了真实用户的口碑推荐外,小红书还在社区分享内容上打上了标签,用户每点开或者收藏了一个帖子,都将成为该用户的数据,为用户在小红书这一平台上的精准产品推荐提供依据。品牌商可以直观地在社区中看到收藏和喜爱自己产品的真实用户,小红书的榜单都出自群众智慧,公信力的价值也基于 UGC。也正因此,用户对社区的口碑是第一位的,而简单粗暴的广告模式是小红书力所避免的。

通过社区后台一系列的数据和调查、消费者的期待和反馈情况,来挑选海外品牌的合作对象。例如:小红书和日本护肤品巨头 Albion 澳尔滨的合作。Albion 澳尔滨的这款"健康水",在小红书的相关帖的收藏率比平均值高出很多,各项互动数据都表明它在消费群体中的热度,正是这些数据让小红书把目光放在了奥尔滨身上,双方进行了不同方式的合作和探索,制定了有利于中国市场的长期市场策略。小红书福利社正是通过分享社区用户的行为数据，发现中国用户使用 Albion 澳尔滨单品后对其赞誉有加。这一合作也开创了全新的 C2B 的口碑营销模式，即用户数据决定卖家的商品选择。

- 为其他平台（多主体契合的开放社区平台）

平台所有者还可以通过与其他平台兼容，实现价值共创。当两个平台兼容时，其可以共享平台的组件、需求方或供给方。此时，需求方或供给方用户将在没有转换成本的情形下，同时参加多个平台。

目前，小红书加入了美国、韩国、日本、法国、泰国、新加坡和德国以及我国香港、台湾等 9 个购物目的地。用户可以下载某一目的地的客户端进行信息分享和商品采购。除了电脑 PC 端外，小红书同时开发了苹果和安卓移动终端的 App，并有目前最热门的社交平台微博微信进行口碑传播，满足用户的分享和求知需求。相比京东、当当、亚马逊、淘宝、唯品会等一些专业的购物平台，小红书借助互联网将社区用户通过心得分享真实地联系在一起。

（3）需求方可以为其他需求方、供给方与平台所有者创造价值

- 为其他需求方（产消者间的信息互动）

平台特别是数字平台从技术上支持，从制度上鼓励需求方参与价值创造。需求方可以通过电子口碑等方式分享信息，通过线上与线下行为分享资源来为其他需求方创造价值。

借助于信息技术和互联网，网络购物评价等网络口碑摆脱了传统口碑在人际传播范围上的局限性。网络传播由于技术原因，超越了时间和空间的限制，传播范围更广，速度更快，能够形成舆论导向并且影响更多存在购买欲望的消费者的购买决策。同时，社交网络平台的兴起为消费者群体间便捷交流创造了条件。其中，部分消费者（产消者）会因高质量的经验分享、知识贡献或表现出的独特魅力被其他普通消费者和认同和关注。该类产消者所生产的信息具有较高的传播价值进而影响平台上其他产消群体及不同用户的消费选择，进而实现平台商品或信息的消费，从而产生一定的商业价值，实现

了不同主体间的价值创造的链条。网络口碑加强了消费者和消费者之间的联系，使得消费者和商家之间的信息获取量逐渐平等，消费者不会被单纯的广告宣传语所迷惑，而是从其他拥有购买经验的消费者口中得到产品的真实使用信息，从产品导向变成消费者本身的体验导向，有利于降低消费风险。

此外，"小红书"等网络虚拟购物社区 App 的出现通过图文分享让其他消费者的购买行为可视化，这有利于增强信任度以缓解网络口碑可信度减弱的问题。且在线消费群体的信息交互，促进了社会化电商平台的商业价值的体验，也进一步实现了营销环节稀缺价值的挖掘。平台意见领袖型产消者（网红、大 V 等）通过相关产品或服务信息的传播，进一步影响了消费群体的消费选择，刺激了新产品和新服务的识别与开发，进而提升平台内商业活动的经济价值。

- （产消者角色转变——深度参与到供应链环节）

在线平台的交易中，消费者评论不仅仅扮演了口碑营销的作用，而且为供给方改进产品提供了建议，此时消费者成为价值链的最前端，扮演了启发价值创造的作用。需求方中的一部分具有较高的参与度，他们甚至参与到供给方的设计与研发环节。这些消费者凭借其特有的知识与能力优势，已经具有部分供给方的功能。

不仅如此，不同类型的产消者通过与企业建立合作，其中平台内部意见领袖型产消者成为连接企业与普通消费者的个体化交易媒介。该类型的个体化交易媒介主要表现在，意见领袖型产消者主要凭借个人魅力和个人影响力为企业推荐产品和品牌，同时意见领袖型产消者也通过个性化宣传深度参与到企业的设计及营销环节，利用个人经验及知识为企业和消费者提供个性化服务。不仅如此，在供应链资源上，为了解决用户"看得到却买不到"的问题，小红书后期推出了"福利社"板块。小红薯们可以在福利社一键下单，释放购物欲望。商品都属于社区内口碑最佳的商品精选。选定某款商品后，由小红书直接联络国外品牌方或一级供应商进行采购。小红书平台为意见领袖型产消者的产品或服务推荐提供后端支持，并配合相关的产品链接，意见领袖型产消者无需备货,普通消费者可直接在相关推荐内找到心仪的产品,规避了意见领袖型产消者的仓储和物流成本。此外,意见领袖型产消者将消费者的个性化需求及时反馈给企业,便于产品/服务改善,提高了该平台用户的共享资源能力。

对海外商家来说,小红书是在线广告很好的投放渠道。与新浪微博等一般的社交网络进行业务往来会影响用户的体验,用户使用购物笔记社区就是为了获取或分享有价值的海外商品购买信息,商家的折扣促销、新品发布等信息是基于购买目的在用户关系链中的传播,所以在传播效果上并没有让用户觉得有明显的"违和感"。

- 为平台所有者(增强用户粘性,提高平台运作效率)

需求方为平台企业提供了用户基础,吸引了平台的供给方;需求方用户在使用平台过程中,平台积累了大量需求方用户的评论与行为数据,这些数据成为平台重要的资产,是平台创造价值的源泉。

"小红书"鼓励世界各地的用户分享自己的购物经验,为目标用户群体建立了一个海外购物产品数据库,实现了信息的实时更新和交换。也由于"小红书"的目标用户在年龄、性别、价值观、购物偏好等方面具有更强的一致性,这种一致性越明显,对消费者的购买决策影响力就越大。这也一定程度上通过价值吸引、兴趣吸引,提高了用户黏性,增强了用户的品牌忠诚度。

社区型的运作模式使得小红书能够积累海量具有参考价值的购买前数据,包含用户的浏览数据、心愿单数据、分享和点赞数据等,这些数据能够为福利社选品和备货提供指导。

用户花足够的时间在小红书 App 里,通过无意识的点赞、收藏、关注、分享等行为告诉小红书这一平台足够多的关于她自己是谁,这是社区性电商的天然优势。小红书的用户平均每月打开 App 超过 50 次,使用 130 分钟以上。这些底层数据是纯电商无法获取的,它们具有极高的价值。

11.1.6 品牌契合平台

平台能够为愿意融入的需求方、供给方并与其他平台所有者实现价值共创。平台所有者为需求方和供给方提供了信息与商业基础设施，这会吸引大量企业入驻，构成品牌社区，供给方与品牌或其他客户基于平台的互动，形成了品牌契合。平台价值创造的基础是需求方与供给方之间的交叉网络外部性。需求方选择某个平台，决定因素之一是平台上供给方的数量与质量；供给方选择某个交易平台，决定因素之一是平台上需求方的数量与质量。同时，交易平台提供的信息工具将减少买卖双方的信息不对称，降低买方的搜索成本；提供的第三方支付工具等将降低买卖双方违约的风险；提供的物流服务将方便交易的实施。因此，供需多方利益相关者愿意融入这个平台。平台的结构、服务、治理、经济利益（如奖励政策、知识产权保护等）一系列的设计，能够吸引更多的品牌企业入驻，平台初期的价格补贴政策也带来更多的产消者的体验，从而使得供需平衡。

以前商家发现市场机会并引领消费，是供给端的市场。而现在是用户导向的市场，用户不只是购买国外商品，也是在找真的"好"东西。在这一波新的消费升级趋势中，用户正从炫耀型的消费升级变成体验式的消费升级。

小红书是一个捕捉者和观察者。不难发现，当今时代用户的消费行为在改变，开始买中小品牌的东西。让用户帮用户找商品是小红书的逻辑，作为平台和工具，小红书希望将自己的价值在用户导向的市场中能发挥最大效率。原来国内很多企业并没有发现用户消费趋势其实已经改变，但国内的制造能力很强，反应也快，这就是为什么现在国内的中小品牌崛起速度很快。在小红书的平台上，电商品牌从海外品牌逐渐拓展到本土品牌。对于品牌商来说，小红书机器分发的逻辑是以用户内容和搜索为导向的，而不是通过推荐和广告向品牌商收费。但在社区背后，却是7000万精准用户，这是品牌商看中的。一般来说，品牌从被消费者所熟知到转化成交易有两种模式：一种是出现在线下或传统渠道里，用户看到后去电商中搜索购买。另外一种是在原生的社交平台上被用户发现，直接完成购买。小红书属于第二种平台。

因此，在小红书上出现的品牌，通过内容被用户发现和喜爱，进而发生购买行为。此外，小红书还可以帮助国外的中小品牌做自己的电商。部分小品牌没有能力自己构建国际端供应链直供中国市场，但小红书可以帮助国外的商家仓库提货，运送到国内，再到消费者手上。在不久的将来，可能就没有所谓'跨境'概念了，当供应链完全打通后，这就是一个短供应链和长供应链的区别。

2015年小红书宣布与澳洲第一大天然健康品牌Blackmores澳佳宝达成战略合作协议，强强联手，共同寻找"健康佳+法"。自2012年进入中国以来，Blackmores澳佳宝一直推行因人而异的定制化营养管理计划，此次与小红书的合作无疑将成为该计划的助推器。和小红书的战略合作是一次全新的体验，因为这个不是传统品牌与电商间的合作。这次合作是一个品牌与消费者之间的双赢模式。因为我们看到的不是小红书这家公司需要采购什么商品，而是从小红书社区更直观地看到用户需要什么，甚至能更加深入地发现用户的潜在需求。传统电商模式都是由采购商预测用户的喜好，并通过广告等打造爆品，提高销量，无法为用户营造一个自我发觉品质生活的过程。小红书和Blackmores澳佳宝从一开始的供货模式，到如今战略合作，双方的诉求都是以用户体验为核心。现在Blackmores澳佳宝可以通过小红书为用户定制更多适合中国人的天然健康品。接下来，小红书将会和更多供货品牌商建立战略合作，帮中国消费者发掘更多国外的好东西，全方面提升生活品质。

2017年3月初，儿童洗护用品品牌STOKKE（思拓科）向"小红书"发出合作邀请。此次合作，对STOKKE而言，解决了线上店铺少、推广不到位的问题，加快了二三线城市市场推进的步伐，同时，"小红书"的积极宣传也极大提升了品牌形象。对"小红书"而言，因为引进儿童洗护用品知名品牌STOKKE，改善了在母婴类用品品种单一、市场竞争力弱等现状。据"小红书"相关负责人介绍：此次与STOKKE合作，是双方长久以来共同努力的结果，在儿童洗护用品领域，STOKKE一直处于全国乃至全球领先地位，拥有高品质的产品和良好的口碑，是电商平台梦寐以求的合作伙伴。此次合作的建立，将是"小红书"与STOKKE共同进步，继往开来的第一步。

在2018年的大型综艺类节目《偶像练习生》中，我们也能够找到小红书的踪影。在小红书 App 中，练习生通过分享自己不一样的生活，粉丝逐渐建立起与偶像之间交流沟通的情感纽带。其互动交流平台的打造，借助练习生的人气效应而取得的流量变现效果可见一斑。当然，小红书 App 所构建的互动平台，也为粉丝提供了为偶像投票就有机会赢取现场门票的资格，让粉丝可以近距离见证自己的偶像养成成果。

2018 年 3 月 14 日，小红书上线自有品牌有光（REDelight），称其为场景化生活方式品牌，提供富有设计感的居家和出行产品，卖点在于"美好设计和合理价格"。通过 ODM、C2M 等制造方式向上游制造商渗透的品质化电商，正成为网上零售业升级的一个重要趋势。

有光（REDelight）属于小红书 2017 年开始筹划的小红书全球选的分支，主要提供家居生活类商品，2018 年上半年还会上线其他类别分支。精选电商模式诞生于消费升级的大背景下，侧重高性价比的产品，平台品牌的背书则带来品牌公信力。小红书的社区属性强，积累了大量关于美妆、服饰、个护的内容，未来可能在自有品牌中推出美妆、个护、美容仪器等商品。

11.2　微博案例

第 40 次《中国互联网络发展状况统计报告》数据显示，截至 2017 年 6 月，中国网民规模来到 7.51 亿，互联网普及率为 54.3%；手机网民规模达 7.24 亿，移动互联网已渗透到人们生活的方方面面。2017 年，互联网行业内容领域的竞争更趋激烈，一方面，各大公司都在投入重金争夺用户注意力、抢占用户心智，甚至进入对方的擅长阵地直接展开竞争；另一方面，用户的需求不断变化，如何让用户创造、分享内容更为方便、获取信息更为高效，是行业共同的难题。微博对此进行了有效的尝试与探索，通过垂直化运营、MCN 机构合作等，不断给创作者赋能，让自媒体能更方便地在微博上进行生产内容、粉丝获得、商业化变现；通过视频化布局、兴趣流分发等让用户更高效的获取信息、建立关系,从而不断巩固自己作为全球最具影响力社交媒体平台的地位。

根据2017微博用户研究报告显示,截至2017年9月,微博月活跃用户共3.76亿,与2016年同期相比增长27%,其中移动端占比达92%;日活跃用户达到1.65亿,较上一年同期增长25%,各大行业领域的覆盖面不断扩大,不仅在新闻舆论、综艺娱乐等方面保持重要影响力,同时,在体育、财经、旅游、电视剧等领域也得到进一步的延伸。

11.2.1 微博简介

2009年8月,新浪启动微博测试,成为国内最早推出微博服务的门户网站,依托新浪门户的巨大流量与其旗下产品的高人气与好口碑,迅速得到大众的关注。

2010年随着腾讯、网易等平台接二连三地推出微博产品,中国迎来了属于自己的微博元年,微博用户数量和影响力程度,都取得了前所未有的新高度。此外2010年多起新闻标志性事件均在微博引爆,并逐渐扩展到传统媒体,微博开始作为一股重要媒体力量出现。新浪微博在伊始阶段就迅速抓住中国话语权最强的一批用户:娱乐明星、企业高管、媒体人士。这些人的进驻,不仅提升了新浪微博平台的知名度与影响力,也让用户之间感觉交流变得更加亲切、直接。随后这批核心用户开始争相传播自己使用微博的美妙体验,以至微博成为一个时尚话题。新浪微博成功颠覆了传统的门户网站营销模式,在短时间内迅速形成一股前所未有的微博热潮。

在新浪召开的中国首届微博开发者大会上,公布了新浪微博开放平台,新浪期望借助不断成熟的API吸引更多应用开发商。在这一次大会上,微博确定将从广告自助和应用增值这两个方面来进行平台的商业化。

2017年,微博发展特征可以归纳为三个:视频化、垂直化、MCN。微博全面推进视频化战略,一方面通过与版权方和媒体的深度合作增加专业短视频内容;另一方面通过上线微博故事、光影秀等产品鼓励普通用户创作、分享视频内容。2017年第三季度，微博视频播放量年对年增长175%。微博深耕垂直领域，致力于建立每个领域的流量生态、变现生态。目前，微博已覆盖55个领域，2017年Q3单月阅读量过百亿领域达25个。同时，微博加大对MCN的扶持，基于微博平台共同建设垂直领域内容生态，带动微博内容生产和消费服务增长。截至2017年11月，53个垂直领域中接入微博的MCN机构达1200家。

11.2.2 用户分析

根据2017年微博用户人群属性的调查报告显示，微博月活跃用户中，30岁以下用户超过八成，是微博的主力人群；性别上，男性用户规模稍高于女性。来自三四线城市的用户进一步沉淀，占微博月活跃用户50%以上，微博区域覆盖进一步沉淀。

微博通过强大的算法集合海量内容和用户的即时兴趣，再结合人工甄选，打造出每一个用户专属的优质内容。基于网状知识关系图谱的读心术，解决智能分发的"过度收敛"问题。人工智能的大背景下，微博坚持人工优选精品和机器高效分发相结合的模式，利用微博移动端传播矩阵全方位传播，极大地提升了用户的阅读体验和在全网的传播声量。

11.2.3 内容分析

内容是微博的基础与核心，2017年，图文类博文仍是微博用户最主要的发布形式；与此同时，包含链接、视频、音乐类博文的占比则实现全面提升。微博的内容形态更加丰富多元，进一步提升用户体验。

微博的头条文章发布量持续增长，短视频全面普及，视频消费量大幅提升，微博故事上线后月活跃用户迅速扩大。截至2017年9月，微博月阅读量超百亿的垂直领域达25个，微博行业影响力和商业能力都进一步增强；电视剧、综艺、动漫等泛娱乐领域是微博深度运营的主要领域也是用户活跃的主要场所；同时，微博也在财经、教育、时政等各个领域做孵化，增强对各

<<< 第四篇 共享经济下平台品牌价值共创案例分析：产消合一视角

类型用户的黏性。

11.2.4 产品分析

微博可以个性化订阅自己感兴趣的新闻节目，再小的个体，也有自己的品牌。微博拥有者大批名人明星、媒体组织。消息的最源头，由本人发表。每个用户既是消息的传播者也是消息的发布者，每个用户都是双向关注的。

微博借助自己的平台和优势，将人人都说新媒体，正引导为人人都是新媒体，将其及时性和传播的广泛性，进一步加强，同时借助各自的关注，从而实现真正的资讯的个性定制化。在搭建了个性化资讯定制平台后，以资讯为主，辅助接入支付、游戏、购物等领域，搭建个性化资讯定制服务平台，

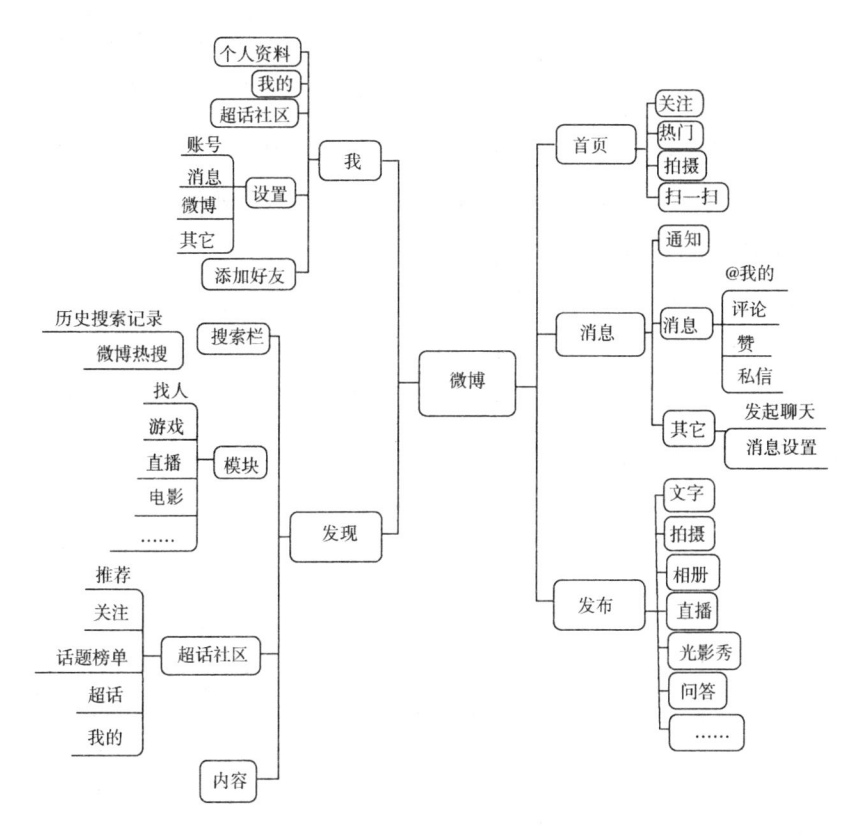

图 11.2 微博功能结构图

即发挥了自身的优势和强项,又符合用户的需求。

微博 Slogan 从"随时随地分享微博",更改为"随时随地发现微博",也从侧面验证了微博未来以资讯为主的定位。

11.2.5 微博的平台价值共创模式分析

(1)平台供给方可以为需求方、其他供给方创造价值并与平台所有者共创价值

• 为需求方(目标性和针对性的消费需求)

数字平台突破了实体市场空间与时间的限制,大量供给方能够为需求方提供丰富多样的产品与服务。微博某一领域的达人,大V可以通过微博将自己对某件产品的使用心得发布在自己的微博主页上,或者是某一个话题之下,这样就能让其他潜在的消费者,通过这些信息来判断是否去购买产品。此时的大V们就是参与者生产活动的消费者,我们称之为产消者,同时也是供给者。这种产消模式为平台中的需求方创造了巨大的价值。而企业微博账号,也能实时地与消费者进行互动,发布最新的产品信息。大大节约了需求者的时间成本,使其更有目标性和针对性地选购适合自己的产品。

消费者在企业官方微博的评论区中提出自身个性化的需求,企业可以利用先进的技术手段,最大程度地满足消费者的需求,为消费者消费产品与服务时提供更多的价值。

• 为其他供给方

平台上的供给方一般分为不同的层次,基础层次的供应方往往成为较高层次供给方的组件。

比如我们所熟知的网络红人们,他们就是属于基础层次的供应方,他们的推荐评测等等就会为企业品牌方这个较高层次供应方创造价值。有许多消费者可能对企业产品抱有观望态度,或者因为价格等因素而望而却步,但是红人、明星们的推荐会使得他们产生购物欲,这就为品牌开发了更多的潜在的消费者,从而创造价值。

- 为平台所有者

平台所有者提供了系统的核心组件，供给方基于平台进一步创新，提供了与平台互补的产品，丰富了系统的功能。如网络红人们在推广产品时，需要和消费者来一个实时的互动，来体现产品的优良卖点并且提高自己的知名度，由此微博开发了微博直播功能和微博故事功能，使得微博上的产消模式更具即时性。

而高人气供给方的入驻，也为平台所有者带来了更大量的用户。因为网络红人经济的发展，微博由此产生了一年一度的网络红人节；而大量明星、企业、媒体的入驻，也使得微博可以有条件开展"微博之夜"的活动。这些活动的开展，不仅仅得到各种赞助费用，增加的微博的用户流量，也同时提高了微博这个品牌的知名度和价值。

（2）微博作为平台所有者为需求方和供给方以及其他平台提供了信息与商业基础设施

- 为需求方和供给方

微博是企业深刻触达用户的重要网络平台。在对用户询问微博信息可信度的时候，有超过一半的用户认为微博中所说的商品折扣信息等是可信的。供给方可以利用自身的微博账号来发布所有有关于企业品牌的消息，利用微博平台对账号进行认证，会是提高消费者的信赖度。供给方也可以利用微博平台信息传播广泛且迅速的特点，来为自身品牌创造话题，从而通过热门话题，吸引消费者共同参与其中，从而通过提升关注度和讨论量来提升自身品牌的认知度。微博平台提供的粉丝有奖互动功能，能够帮助企业建立大众的好感度，从而不断引导消费者购买品牌产品。

微博的活动平台不仅仅有粉丝有奖互动的形式，还有其他多种多样的互动形式互，用户参与活动并在微博分享，形成链条式传播，进而实现品牌营销的目的。自2015年7月以来，微博企业账号发布微博活动超过347万个；活动参与量接近3.2亿。微博橱窗致力于让企业、自媒体和用户建立关系，进而打造电商生态氛围，建立最具权威的电商发声平台。数据显示，2016年

1–11月份，企业橱窗产品接近300万个，月PV/UV也保持稳步增长。微博平台帮助企业追踪分析潜在和现有的消费者偏好和行为，从而使企业可以更好地根据消费者心理及需求调整下一步产品的生产和推广。另外，在此过程中可以通过与消费者的交谈，了解其对本企业产品是否存在不满意之处、影响其购买意愿的原因是什么。如此一来营销人员即可以针对消费者的问题采取有效措施，促进产品交易的形成。而且，微博也可以打破人数、地区等方面的限制。

微博集合了众多技术，如互联网技术以及数字技术等，可以为用户提供文字、图片、视频以及音频等多种形式，为企业传播品牌方面提供了便利，消费者方式更深入地了解品牌信息。在应用微博来促进企业品牌传播的过程中，相关企业也可以在微博进行"客户满意度"方面的调查，以此来获得消费者对本企业的看法，并根据调查结果来优化企业品牌的质量，或更改营销理念和模式。

自微博兴起以来，各类账号先后入驻。不仅汇集了海量普通用户，以行业大V、明星为代表的橙V用户，和以政府机构、学校、媒体、企业以及产品为代表的蓝V账号，形成一个庞大、有效的社交生态平台。这也促使微博迅速发展成为各类账号与外界联系的发声器与信息传播平台。对于企业而言，社交媒体的矩阵式传播比以往的单向广告有着更为强大的传播力量和效果。

- 为其他平台

平台所有者还可以通过与其他平台兼容，实现价值共创。当两个平台兼容时，其可以共享平台的组件、需求方或供给方。此时，需求方或供给方用户将在没有转换成本的情形下，同时参加多个平台。

截至2017年11月，微博在53个垂直领域中已与1200家MCN机构展开深度合作，提供产业、运营、商业等多方面的资源支持，以帮助旗下创作者为微博用户产出更为专业和垂直的内容。2013年新浪微博公司与阿里巴巴（中国），签署战略合作协议，推出新浪微博淘宝版，实现账号互通，淘宝卖家可在新浪微博淘宝版直接发布商品，并通过后台进行商品管理及商情监控。同时，以用户主动订阅为基础的新浪微博"粉丝服务平台"正式上线，所有认证用户均可申请使用。粉丝服务平台将帮助认证用户为主动订阅他的粉丝提供精彩内容和互动服务，被视为推动微博由"营销"平台向"营销+服务"平台转型的重要产品。与此同时，粉丝服务平台宣布推出开发者模式，对第三方开发者全面开放。

（3）需求方可以为其他需求方、供给方与平台所有者创造价值

• 为其他需求方

需求方可以为其他需求方创造价值，通过电子口碑等方式分享信息，与他人互动从而为自己积累流量和人气，单独创造价值或与其他产消者社交性地创造社会价值（例如点赞和分享）。

微博用户之间的互动与推荐，事实上就是一种网络口碑营销的方式之一。网络口碑营销是指随着信息技术的发展，由口碑营销与网络营销有机结合起来的一种营销方式，旨在应用互联网的信息传播技术与平台，通过消费者以文字等表达方式为载体的口碑信息进行有效营销的方式。微博用户可以通过微博渠道分享对品牌、产品或服务的评价或讨论，从而树立网络口碑。为其他的消费者购买产品起到参考作用，有效降低消费风险。

• 为供给方

需求方不仅仅通过网络口碑加强相互之间对产品信息的共享，同时也为供给方改进产品提供了建议，此时消费者成为价值链的最前端，扮演了启发价值创造的作用。这就是形成了产消者们。企业可以通过消费者在微博评论中的个性化需求，及时了解细分市场，最大程度地降低营销成本，提高对市场反应的灵敏度。另一方面，生产者与消费者的沟通变得更加便利，不再受空间时间的约束，这就极大缩小了沟通的成本，也增加了顾客对企业的忠诚度。事实上，微博特有的环境造成的网络红人经济效应就是消费者为供给方创造价值的很好的实证。

网络红人就是消费者对于市场的一种需求催化出的结果。消费者多样化的需求使得供给方有利可图，可以从中造就粉丝经济。网红经济是新经济中

诞生的一个全新经济角色，展现了互联网在供需两端形成的裂变效应，这个角色在制造商、设计者、销售者、消费者和服务者之间产生了全新的连接，展现了互联网全面融合新经济时带来的无穷活力。

- 为平台所有者

需求方为平台企业提供了用户基础，吸引了平台的供给方；需求方用户在使用平台过程中，平台积累了大量需求方用户的评论与行为数据，这些数据成为平台重要的资产，是平台创造价值的源泉。

微博的发展离不开它庞大的用户基础，新浪微博的发展势头之所以一直超过其他微社交平台，最重要的一点就是微博在创始之初就引进许多明星名人的入驻，这些知名人士的入驻为微博带来了许多的粉丝用户，而正是这些用户的加入使得微博能够取得海量的用户数据，这些大数据都是无形的资产。

微博通过用户行为分析，进行精准的个性化推荐，并且与其他平台合作。这就为微博带来许多营销机会，而在微博最新的2017年财报中我们也能看到净营收3.774亿美元，较上年同期增长77%，超过公司3.55亿美元至3.65亿美元的预期。广告和营销营收3.323亿美元，较上年同期增长77%。增值服务营收4510万美元，较上年同期增长81%。而这些都是消费者为平台创造的价值。

11.2.6 品牌契合平台

平台能够为愿意融入的需求方、供给方并与其他平台所有者实现价值共创。平台所有者为需求方和供给方提供了信息与商业基础设施，这会吸引大量企业入驻，构成品牌社区，供给方与品牌或其他顾客基于平台的互动，形成了品牌契合。平台价值创造的基础是需求方与供给方之间的交叉网络外部性。需求方选择某个平台，决定因素之一是平台上供给方的数量与质量；供给方选择某个交易平台，决定因素之一是平台上需求方的数量与质量。同时，交易平台提供的信息工具将减少买卖双方的信息不对称，降低买方的搜索成本；提供的第三方支付工具等将降低买卖双方违约的风险；提供的物流服务将方便交易的实施。因此，供需多方利益相关者愿意融入这个平台。平台的结构、服务、治理、经济利益（如奖励政策、知识产权保护等）一系列的设计，能够吸引更多的品牌企业入驻，平台初期的价格补贴政策也带来更多的产消者的体验，从而使得供需平衡。

微博从传统社交媒体的封闭性中解脱出来，把社交媒体引向了互动模式，受众地位得到了明显的提升。传统的广告品牌营销模式是点对面的宣传，缺乏对个体的关注和针对性；而微博平台是面对面的宣传，每一个用户既是信息的发布者，也是消费者。网络信息技术将众多微博联合起来，通过微博用户之间的关注和被关注，实现 N 对 N 的传播模式，从而实现企业品牌宣传效果的最大化，以低成本获得最大收益。品牌生产者们仅仅依靠自身难以实现信息的宣传扩散，而通过其关注者进行转发和再传播，可以不断扩大企业品牌的影响。

微博为许多的自创品牌提供了空间，不仅仅是生成的机遇与条件，还为后期发展宣传提供了有效的平台。由微博产生了网红品牌，如"吾欢喜的衣橱""TKSTYLE""花知晓"等等。这些品牌已经完全融入微博这一平台，因为微博而产生，也因为微博而发展。

微博主办的"微博之夜"是挖掘和盘点微博热点人物及热门事件的年度盛典。新浪"微博之夜"，源自2003年开始的新浪网络盛典，10年来已从单一的新闻评选逐渐发展成为全方位、多领域、多角度的盘点评选，成为互联网行业最具影响力的行业风向标和晴雨表。2015年的"微博之夜"的品牌合作方为长安福特；2016为东风日产以及OPPO和其他一些视频直播平台；2017微博的品牌合作方为OPPO。这些品牌都通过"微博之夜"这个影响力和曝光度极高的平台进行了有效的宣传。

2017年8月15日，微博与最具规模的电商平台天猫共同宣布推出全新战略合作项目——天V计划，整合双方资源打造"SEED"品牌营销闭环解决方案，通过传播裂变（Spread）、双端霸屏（Exposure）、品效共赢（Ecommerce）、数据罗盘（Data）四大特性，助力广告主实现更精准的用户画像，在与消费者高效互动的基础上，大幅提升投资回报率。自天猫开启"天猫超级品牌日"以来，已与微博携手，成功为雅诗兰黛、Massimo Dutti、vivo、华为等超过 100 个知名品牌，提供了品效合一的品牌营销解决方案，累计话题矩阵阅读量超过 60 亿。其中，雅诗兰黛的成功案例让与会者充分体会到社交电商的营销价值。基于从微博、天猫海量用户中筛选出的精准人群，确立雅诗兰黛营销策略，并将目标用户群锁定在三大维度，即雅诗兰黛既有及潜在用户、雅诗兰黛品牌互动用户、雅诗兰黛彩妆大使唐嫣的粉丝。与此同时，通过将社交用户场景与电商交易平台相对接，在唐嫣主演的"锦绣未央"热播期间推出同款唇妆，利用社交平台话题有效吸引了消费者的关注度，并形成话题扩散，进而对精准人群投放个性化广告覆盖用户浏览全路径，最终将该人群导流到雅诗兰黛天猫旗舰店商品详情页，整个过程打通了从品牌展示、曝光到下单交易的营销闭环。数据显示，活动当日雅诗兰黛天猫旗舰店 24 小时的唇膏销量更是比肩双十一。

与微博进行深度合作的卫视已经超过 20 家，电视节目超过 80 档。除了湖南、浙江、江苏和东方卫视等电视台外，深圳卫视、天津卫视、山东卫视也纷纷开启了与微博的合作，台网联动从一线卫视向二三线卫视全面展开。

各大卫视之所以钟情与微博合作，不仅因为微博互动能给节目带来良好的口碑，提升节目的热度，更关键的是通过互动能把微博用户吸引到电视机前面，有效的提升节目的收视率。《我是歌手》第二季总决赛，通过微博投票有效提升节目关注，在 96 小时内吸引 173 万人次参与投票，收视率从半决赛 2.54 上升到 3.99。《花儿与少年》从第四期开始在节目中加入微博互动，节目收视率从 1.63 跃至 1.84，在台网联动的三期节目中，收视持续增长，最高达 1.92。为了使电视台、广告主更好地衡量电视节目在微博上的热度，在 2014 年 7 月微博和 CSM 推出微博电视指数 beta 版后，微博电视指数全新改版，新版微博电视指数在体现节目播出时段热度的日榜基础上，新推出了周榜。周榜从每周一 0：00 时起，至每周日 24：00 时，把本周内播出的综艺节目按照阅读人数和次数、提及人数和次数四个维度进行统计，从而得出本周综艺节目的热度。

11.3 研究结论

微博之所以能成为一个品牌价值共创很好的平台，其优势可以归纳为以下几方面。

(1) 全时在线交互关系平等的产消模式。微博平台上的产消者互动是及时性的，这就使得大众传媒更加人性化，消费者和品牌方之间的对话交流是平等公开的，这一模式比起传统的交流模式更具有人情味，使得消费者更容易接受企业品牌，从而达到事半功倍的宣传营销效果。

(2) 微博平台的即时性和互动性强。当一条关注度较高的微博发布后，这条博文能在很短的时间内就被非常广泛的传播，会没有时间差地在全世界各地进行转发，传播。微博传播的及时性使得企业品牌在进行微博宣传时，往往会选择更加能够打动消费者的微博内容，如品牌与消费者之间的故事、品牌背后的故事及理念，从而调动消费者的热情，吸引消费者进行评论和互动。微博实现了消费者与品牌商之间的真正沟通，粉丝对品牌进行评论，品牌营销者进行及时的反馈和回复，帮助消费者解决问题，从而可以吸引用户踊跃讨论、响应，培养出一批互动密切的忠实粉丝。

(3) 潜在受众筛选定位明确。微博将受众放在了主动的地位，使得他们可以自由选择成为粉丝或者取消关注。而一旦成为粉丝就意味着变为潜在受众，在与广告品牌商进行互动的过程中，微博平台已经为企业筛选出相应的目标群体，从而帮助品牌进行准确的市场定位。此外，微博还通过对受众的不同行为分析，判断受众的品牌忠诚度。活跃程度较高的用户可以被培养成意见领袖，品牌通过他们继续挖掘更好的潜在客户，实现广告的精准营销。

移动互联网的迅猛发展势必将吸引企业把营销领域更多的注意力集中到网络平台。而就目前来看，一方面，数据挖掘技术将进一步提升企业营销的精确性和有效性；另一方面，自媒体/社交媒体的异军突起将促进企业在营销策略方面作出更多的变化。微博，作为当前国内最优秀的社交媒体平台，在社会舆论、信息传播等方面始终发挥着其他媒介不可替代的作用。微博平台更好地发挥企业账号的营销功用，对企业提升及维护品牌影响力具有重要意义。

<<< 第四篇　共享经济下平台品牌价值共创案例分析：产消合一视角

第 12 章　混合型参与产消者的知识性平台（微信）

微信营销是网络经济时代企业营销模式的一种创新，是伴随着微信的火热而兴起的一种网络营销方式。微信用户可以不受时间空间的限制，根据自身需求主动关注企业微信公众账号，与企业形成一种紧密的联系。企业通过微信公众平台向微信用户提供他们所需要的信息，推广自己的产品，从而实现 F2F（点对点、面对面）的营销。

微信营销主要体现在以安卓系统、苹果系统的手机或者平板电脑中的移动客户端进行的区域定位营销，商家通过微信公众平台，结合转介率微信会员卡管理系统展示商家微官网、微会员、微推送、微支付、微活动，已经形成了一种主流的线上线下微信互动营销方式。

12.1　微信简介

微信（We Chat）作为一款同时支持 PC 端、iPhone 和 Android 客户端的即时通信软件，由腾讯公司推出，它可以让使用者不受营运商和操作平台的限制，来利用网络发送免费的图片，文字视频和语音消息，但是需要消耗少量的网络流量。微信还提供社交定位，摇一摇搜索身边的朋友，朋友圈等服务,另外,微信还推出公共平台服务,用户可以关注公众平台,搜索号码,二维码扫描,免费把信息发布到朋友圈里。它不仅支持信息的交流沟通,还提供了互联网购物、听歌、看电影、游戏等服务。

微信平台的功能越来越完善,正一步步地实现其连接一切的目标,与此同时,微信功能的完善也逐渐使用户将更多的零碎时光花费在微信的使用上,从而减少了对其他 App 的使用。

微信作为一款大众文化产品,一经推出就受到广泛欢迎。微信打造的"全民社交圈"不仅满足了用户的好奇心理,也增强了用户的群体归属感。微信用户可以通过广大的朋友圈把自己的强关系扩展到陌生人的弱关系,从而不断扩大自己的社交圈子。简单来说,微信已经不仅仅是一种聊天工具,它代表着潮流与时尚,与人们的日常生活息息相关,更是一种自由的生活方式。

12.1.1 用户分析

从腾讯官方发布的最新的《2017微信数据报告》中,可以看出微信在国内已经成为首屈一指的聊天软件。

截至2017年9月,微信日登录用户超9亿,较上一年增长17%,月老年用户5000万,日发送消息380亿条,日发送语音61亿次,这两个数据相较上一年分别上涨25%与26%,日成功通话次数超2亿,较上一年增长106%。微信用户日发表朋友圈视频次数6800万次,较上一年增长26%。

根据企鹅智酷的《微信报告》调查显示,微信微信用户中男性占近七成,男女用户比例约为2:1;微信用户的职业分布中,企业职员占比最高,达到四成;六成以上用户每天打开微信超过十次,每天超过三十次的重度用户占36%;55%用户每天使用微信超过1小时,使用时长超过2小时的用户,占比32%。

老年用户比例逐年提升,微信用户年龄层次更加多元。微信便捷优质的通信功能方便中老年用户使用,据微信公开数据,月活跃老年用户(55岁以上）使用语音消息占比22%，使用音视频通话月人均时长82分钟，均高于其他用户。众多老年用户借助微信接触更多互联网产品与服务，共享技术进步成果，提升生活质量。

12.1.2 内容分析

微信的表情、游戏、公众平台连接多样化信息服务，促进优质内容生产，拓展信息消费领域。微信通过原创保护、互动分享、升级服务体验等多项关键举措，进一步提高了用户微信游戏、表情消费，并大幅提升了第三方开发者的热情，实现了供需有效对接与相互促进。据测算，近一年微信公众平台信息消费规模达56.3亿元，同比增长20.4%。通过公众账号，第三方供应商提供了种类多样的信息产品与服务。

12.1.3 产品分析

微信的进化路径有三个阶段：通信－社会－平台，作为一个社交工具它的基础就是最核心的功能就应该是通信，就是所谓的聊天功能，这是一种刚性需求。现在市面上聊天软件多而泛滥，但是能把一个最基础的聊天功能做到全面以及完美是很难，在产品最初的规划，产品的定位显得极其重要，确定后不能轻易更改，否则会因为产品迭代后变得不伦不类而导致用户的粘性的降低，从而损失大批用户。微信前期定位就是一款IM工作，没有复杂多余的功能。微信一直走的路线是小而美，所以现如今日活量上亿也是大众对微信核心功能以及准确定位的肯定。

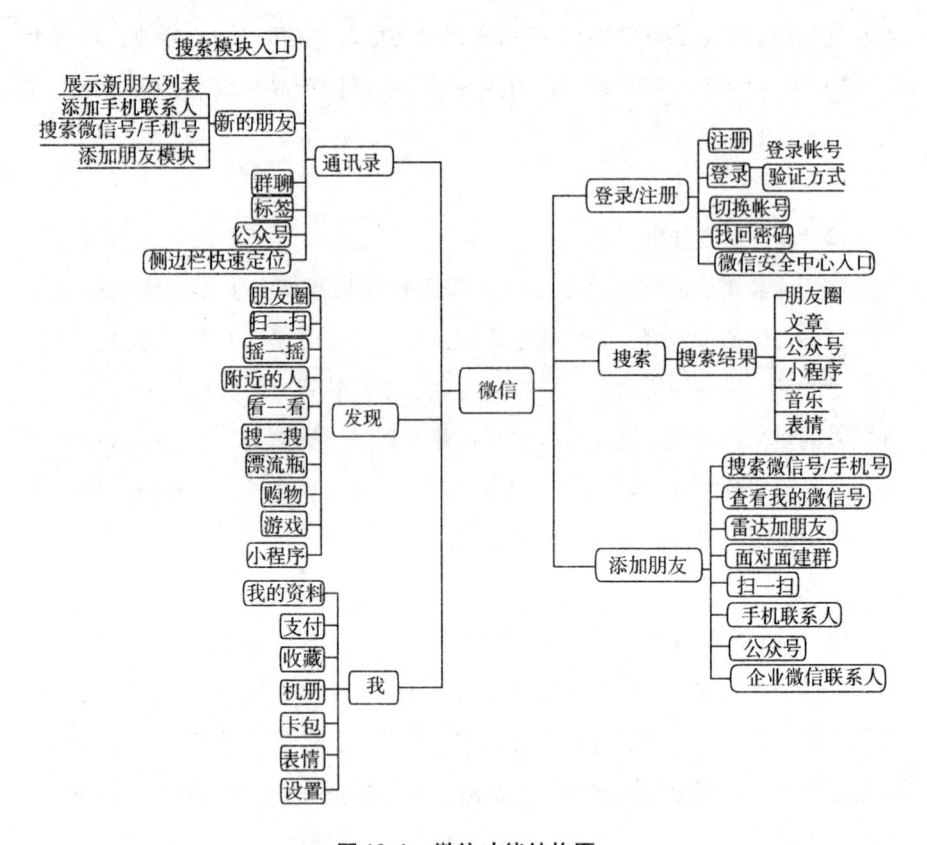

图 12.1　微信功能结构图

12.1.4　微信的平台价值共创模式分析

（1）平台供给方可以为需求方、其他供给方创造价值并与平台所有者共创价值

- 为需求方

微信公众号更优化了用户的阅读习惯，可以将图片、文字、音频、视频和超链接等多种方式呈现在用户面前，用户可以根据自己的兴趣选择阅读。同时信息获取便利、成本低廉，并且改变了用户被动的地位，用户可以和运营者进行互动，反馈也比较及时。

各种微信公众号给了消费者参与到产品的生产过程中的平台，使得纯粹的消费者向产消者转变。各类信息汇总类的公众号使得需求方能够在最短的时间内,找到自己所需要的产品信息。很多服务类的公众号可以帮助消费者足不出户,甚至不需要切换别的App,就实现诸如洗衣、外卖等服务。

- 为其他供给方

平台上的供给方一般分为不同的层次,基础层次的供应方往往成为较高层次供给方的组件。微信上的代购以及非企业的微信公众号就是我们所说的基础层次的供应方。微信公众号接入电商,将公众号上的粉丝当作目标消费者,微信接入外链。例如"一条"就外链了生活馆。自定义菜单有"我家店铺"类别,"物道生活"电商平台,拥有200万粉丝的"物道"。用户因为公众号的内容而聚集,正是因为定位了用户群体,他们自然会对公众号售卖的商品感兴趣,从而促成购买行为,从而使公众号这一供给方为其他供给方创造了价值。

企业可以利用微信快捷方便的支付方式,与线下消费形成互补。奔驰smart就采用过这样线上线下共同合作的营销活动。消费者在企业官方公众号了解活动和注册个人信息并进行店内体现的预约,同时利用微信支付平台支付定金,最后在店内提车。对于无法进行网络购物的消费项目来说,如何将微信营销的成果即人流带到实体店铺产生消费,实现O2O是实现营销最关键的一步。而对于传统商业项目的消费者也需要利用线上的方式进行进一步的维护和巩固。简单来说,供应商们利用平台将线上人流引导线下,又将线下人流汇集到线上,却始终紧紧把握人流的过程。从而为线下实体的供给方创造价值。

- 为平台所有者

平台所有者提供了系统的核心组件,供给方基于平台进一步创新,提供了与平台互补的产品,丰富了系统的功能。平台所有者能够为需求方、供给方创造价值并与其他平台所有者实现价值共创。

微信即属于一款用户选择自行安装在智能手机上的软件程序,用户拥有绝对自主的选择权。它不仅仅是在利用智能手机平台,同时也在与平台的固有功能相互融合。供给方的需求催生了微信许多功能的产生。由于微商的出现，在微信上进行贸易变得频繁，这就使得微信钱包应运而生；而企业品牌对微信大量用户的需求，也使得微信在朋友圈中推出针对用户行为分析后的广告推荐。

(2) 微信作为平台所有者为需求方和供给方以及其他平台提供了信息与商业基础设施

- 为需求方

微信这一数字的网络平台可以让用户不再受到实体空间以及时间的约束，得到第一手品牌相关的消息。这样就为需求方省去了很多的时间成本。用户们通过朋友圈媒介是一对多的传播方式，是用户与多个好友之间的信息传播，而通过聊天媒介是一对一的传播方式，是用户与一个好友之间的信息传播。这些信息的传播使得消费者可以得到更多的产品信息。

而微信的公众号这一功能，使得消费者不仅仅只是产品最后的使用者，而是参与到生产中来，变成产消者。消费者可以通过企业微信公众号向企业后台直接反映产品和服务的问题以及建议，从而使得企业可以根据这些需求更好的完善产品，细分市场。

微信的支付功能，也使得需求者能够更加方便快捷地完成支付行为。

- 为供给方

在微信这一平台上，供给方可以通过附近的人、漂流瓶、扫一扫、开放平台、公众平台五个媒介将传播到用需求方手中，而需求方看到信息之后，可以选择将自己的想法反馈给企业。

K5便利店利用"附近的人"功能，将想要传达给消费者的信息输入到微信当中，包括便利店名称、企业LOGO、微信号、地区、个性签名等。对于便利店周围的消费者来说，他们在使用微信"附近的人"进行搜索的时候，就能看到K5便利店的很多信息，这就为便利店发掘了潜在的用户。而如果当消费者添加了便利店微信之后，消费者又可以将便利店的服务质量和建议等情况反馈给企业，使得企业能够更好提升自己的服务质量。

深圳海岸城利用微信扫一扫功能进行营销。首先海岸城将想要传达给消费者的重要优惠信息与微信二维码图片共同展示在海报上，当对海报感兴趣的潜在消费者扫描海报上的二维码，从而获取电子会员卡，节省更多的成本，但获取会员卡之前需要关注海岸城的微信公众号，以便企业能够持续向消费者传递信息，为消费者提供更全面的服务。而企业的微信公总号往往涵盖各个方面的服务信息，消费者可以根据需求，自行回复；消费者也可以通过公众号直接向企业反馈信息，将二维码优惠与公众号密切地结合，很好地抑制海岸城客户的流失。

- 为其他平台

平台所有者还可以通过与其他平台兼容，实现价值共创。当两个平台兼容时，其可以共享平台的组件、需求方或供给方。此时，需求方或供给方用户将在没有转换成本的情形下，同时参加多个平台。

美丽说是国内比较大的电商平台，主要为女性用户提供各式各样的时尚商品，让她们产生时尚流行的购物体验，现阶段已包括大量的女性注册用户。

微信这个拥有更多客户量的社交平台为美丽说这一新兴的电商平台创造了极大的价值。美丽说与微信进行对接，使得微信的相关分享功能能够运用在美丽说中。美丽说在微信方面为消费者提供了两种分享方式，也是提供给消费者便利的信息。第一，当用户选中某件衣服时，可以与好友分享这件商品的信息，可以分享到朋友圈或直接与微信好友分享；第二，用户也可以将美丽说这个软件分享给自己的好友，"推荐给微信好友"这一选项实现。微信为美丽说带来了大量的用户量以及网络口碑宣传。

(3) 需求方可以为其他需求方、供给方与平台所有者创造价值

- 为其他需求方

平台特别是数字平台从技术上支持，从制度上鼓励需求方参与价值创造。需求方可以通过电子口碑等方式分享信息，通过线上与线下行为分享资源来为其他需求方创造价值。

微信用户们之间通过朋友圈或者聊天窗口来进行信息的分享，而那些公众号的"博主"们，会通过微信公众号发表文章来分享自己对某些产品的使用感受，同时也为自己积累了流量和人气，而这些微信公众号的订阅者又会通过点赞和分享这些微信公众号文章来为"博主们"创造价值。

网络口碑加强了消费者和消费者之间的联系，使得消费者和商家之间的信息获取量逐渐平等，消费者不会被单纯的广告宣传语所迷惑，而是从其他拥有购买经验的消费者口中得到产品的真实使用信息，从产品导向变成消费者本身的体验导向，有利于降低消费风险。

- 为供给方

在微信中，消费者评论不仅仅扮演了口碑营销的作用，而且为供给方改进产品提供了建议，此时消费者成为价值链的最前端，扮演了启发价值创造的作用。需求方中的一部分具有较高的参与度，他们甚至参与到供给方的设计与研发环节。这些消费者凭借其特有的知识与能力优势，已经具有部分供给方的功能。

微信用户通过企业品牌的官方微信公总号，提出自己的意见，参与到产品的设计与生产中。而消费者的口碑宣传又宣传了企业形象和产品。

- 为平台所有者

需求方为平台企业提供了用户基础，吸引了平台的供给方；需求方用户在使用平台过程中，平台积累了大量需求方用户的评论与行为数据，这些数据成为平台重要的资产，是平台创造价值的源泉。

微信用户为微信提供了用户基础，从而吸引了品牌方来入驻微信这一平台；而微信用户们在使用微信过程中，微信能积累大量用户的评论与行为数据，这些都是非常重要的数据资源，比如说现在在朋友圈出现的广告，都是根据用户的行为数据来进行推荐的，这样的广告面向的目标群体会更加明确，从而事半功倍，是微信创造价值的源泉。

12.2 微信和微博两个平台的比较

(1) 微博营销比微信限制较少,起点较低

在微博上发布信息,要受到每条 140 字符的限制,常常要精简字数,但是这也恰恰是其营销优势所在。传统媒体不断重复的宣传很容易使人产生抗拒和倦怠心理,而现代人也很少有时间能够静下心来阅读一些长篇大论的文字,比如博客等。微博的出现正好满足了人们的求新、求快的需求,人们可以在上下班的路上,短暂的空闲时间刷新微博以获取资讯。140 字的容量完全足够发布一篇短小的软文或者宣传企业准备进行的活动,这是限制,但也正因为这种限制使得微博独具魅力。当然,在 140 字符不足够的情况下,在极短的时间内连续发出上下内容相连的微博也能够从一定程度上消除这种限制。除此之外,微博并未有其他媒介功能上的限制。

早期的微信公众平台只对部分微信认证用户和部分名人开放,但是在 2012 年 8 月份之后,微信正式向公众开放。各大小企业都争先踏足,以期通过这个崭新的营销功能中获得收益。企业可以通过公众平台账号实现与多个用户之间的联系,如分组管理粉丝,与粉丝之间开展实时交流,根据用户的订阅,向他们精准地推送相关信息,包括文字、语音和视频信息。个人微信用户可以通过搜索和扫一扫功能关注公众平台账号,同时公众平台账号也可以通过扫描二维码关注好友。这一公众平台无疑是微信营销在致力于完善精准营销的同时做好一对多的针对多数营销对象的重要营销方式。

但此营销式平台的限制较多:①微信公众平台不能直接使用个人已有的微信私人号登录。需要另外使用未注册过微信号的 QQ 号才能注册;②微信从手机发家,但为了避免比如信息过于频繁导致手机卡死等状况的出现,微信公众平台规定必须从 PC 端登陆。③自定义回复目前已经统一权限。现在普通用户和认证用户的自定义回复权限是一样的,也就是最多 200 条。且这

两百条规则中不能用相同的关键词。④每个用户每日只有20次捡漂流瓶的机会。⑤微信为防止出现像微博那样强行向用户推送信息的情况,限制每个公众平台账号每天只能向同一用户发送三条信息,并且用户可在觉得受到干扰时自主决定取消关注,这一种营销途径既能保证用户不会产生厌烦情绪,也可以确保企业每天都能定量完成营销任务,同时还可以避免大量的垃圾信息的产生。

公众平台账号申请要求相对比较高,相比起每个人都能注册微博的低起点,然而,申请获得一个公众平台账号认证需要有至少1000名用户的关注,这是微信平台衡量申请人或者该品牌是否足够"公众"的重要标准,在一定程度确保对公众账号的数量的控制。但是这一高要求对于一些正在发展中的中小企业而言却是太高了,它们有的只能通过弄虚作假,像微博积累粉丝那样通过购买或者刷粉的方式来满足要求。

(2) 微博比微信积累的受众基数大,传播面广

微博的发展比微信早两年,其拥有较多的注册用户,相对微信的"一对一,一对多"模式来说,微博这种裂变式、立体式的传播方式可以经过一次传播直至N次传播,像一颗石子落入水中产生一圈一圈的水波一样,造成多个中心,能够覆盖的面极广。

微信比微博晚两年出现,虽然有腾讯这个强大的后盾,用户增长速度较快,但是因为一对一、一对多的传播特性和其私密性,使得信息很难多次传递,所以微信需要注意在其他方面争取更多的注册用户,从而有利于营销活动的开展。

(3) 微信比微博更适合进行精准营销

企业面对消费者和潜在消费者开展微博或微信营销活动,不同年龄段、不同区域、不同性别的营销对象各具不同的消费观,因而,营销的精准性显得尤为重要。精准营销能够帮助企业开展有针对性的营销活动,降低成本并提高效率。

微信在用户数量上并不占优势,但是它可以说是精准营销的先行者。通

过信息直接而准确地送达用户手机的方式,让用户"无法回避",必须阅读,但是由于是用户自己关注和选择的内容,所以抗拒的可能性也较小。企业可以通过公众平台对用户进行一对一的关注以及推送,可以通过用户分组和地域控制实现精准的信息推送,直指目标客户。超强 LBS 功能,准确定位附近 50 米—5 千米所有用户,有效推送营销信息。同时微信在转化率上更占优势,以传播效果为导向的精准营销被微信发挥得淋漓尽致。

微博作为一个社会化媒体,与微信相比有较强的媒体性,这也决定了企业在利用微博开展营销时,需要在精准性方面下更大的功夫。不同企业自身成长经历不同,经营理念、范围,目标受众等方面因素会存在一定的差别,没有哪两个企业是一模一样的,也不会有一个营销方案对两个企业都同样的非常适用。而在现实中,由于信息传递速度的加快,某个企业开展了有效的营销活动,必然会给其他企业带来影响,致使模仿者甚众。因而,企业微博在营销方案的设计方面的精准显然不够。

虽然微博的媒介特点导致精准性无法做到跟微信相比,然而,任何一项事物的发展都要经历从量变到质变的过程。目前,利用微博营销的企业数量仍在不断增加,如何在众多的微博营销中突出自己,引起注意,就需要企业从微博的质上着手,不断深挖。

(4)企业微信比企业微博的传播形式更多样化,具有高便利性

相对于传统媒体来说,包括博客、BBS 等新型传播媒介来说,微博和微信能够承载更多的内容形式,但是就微博和微信两种媒体来说,微信有着更丰富的传播形式和便利性,可以更加"随时、随地、随心"地享受更丰富的业务种类和个性化服务。比如其营销利器之一的语音聊天功能。用户偶尔会厌倦发短信打字,用微信发送语音信息,就是一种便利的省时省力的信息传递方式。声音识别处理技术将实现语音浏览、查询各种网上信息,大部分的指令可以用声音实现人机交流。企业利用语音传播信息可以拉近与用户之间的心理距离,通过语气消除文字的歧义的作用,用不同的声音打造企业形象,用语音创造同以往媒体不同的传播体验。其对运营商和供应商的能力提

出了新的要求。

移动终端的便利性增加了微信企业营销的高效性，相对于PC客户端，能手机携带方便，用户可以随时随地获取信息，为用户带来极大便利性的同时也给企业营销带来了极大的便利性。

12.3 微信和微博合作完成平台品牌价值共创——基于微商角度

12.3.1 微商的定义

新的媒介技术和媒介形态与线下经济生活联系日益紧密，不仅深刻地影响着我们的生活，也极大地改变了原有的媒介生态。特别是大量的移动社交平台的兴起和发展，其中以微信为代表的微传播平台逐渐崭露头角，并成为现代不可或缺的营销推广渠道，推动着营销推广活动向移动端的转变。同时也驱动了电子商务的发展，催生出电商行业的分支移动社交电商——微商。

微商是以互联网为基础，以移动互联端为主要阵地，通过移动社交平台分享裂变产生品牌传播及产品营销的一种分享经济。它是个人或者企业基于社交媒体开店的新型电商，作为一种社会化移动社交电商模式，是电商行业一个细分领域。即通过手机移动终端利用社交的方式从事传播、销售进行自主创业的个人或小团队，是对移动电商从业人员的称谓，产业名称称之为：移动社交电商。

12.3.2 微商的现状

从2013年兴起至今，微商市场不断发展壮大，群体基数与日俱增，逐渐成为一种创业趋势。当下微商已经发展成为一个拥有3000多万经营者的庞大经济体，从而解决了三千多万人的创业问题，带来了一定程度的商业变革，同时也实实在在地影响着我国经济的发展。据《2016-2020中国微商行业全景调研与发展战略研究报告》统计，截至2016年底微商创业者超过3000万，其创造交易额达五千亿元，在全国电子商务中比重迅速提升。

微商创业问题备受社会各界的关注。但作为新兴业态由于发展过快且一直处于无人监管状态，在其飞速发展的同时也无法避免地出现了很多行业乱象，对此国家相关监管部门开始注意这个市场。国家工商总局曾对微商表态：包容监管、鼓励创新。以及央视新闻频道对微商的正面报道，极大地肯定了微商创造的社会价值，体现了国家对微商行业的关注和期待。

经过几年的市场发展，微商不断地净化与进化，优胜劣汰，从起初的野蛮生长到开始重视产品质量，从忽略诚信发展到推崇诚信，逐渐进入一个规范期。但在移动互联技术不断更迭、信息爆炸、市场急剧变化的环境下，微商群体急需转型走向正规化、专业化，集团产业化运营才能保持健康生态，从而适应经济社会发展要求。

12.3.3　微商未来发展方向

（1）客户体验管理让关系放大黏性

去中心化的时代，现在的市场不再是由企业、厂商主导，而是由消费者主导。我们要跟客户制造多点互动，谁满足了客户的体验，客户就会认同谁，很多出现在微信朋友圈的产品没有特别大的品牌，只有基于产品产生的用户体验。微商作为一种分享经济模式，其强大的生命力最根本的也来源于对用户体验的敬畏。

营销的本质是要满足需求和欲望而实现成交的过程，4C营销理论和客户体验管理都强调消费者和沟通的作用。把追求顾客满意放在第一位，以消费者为中心，分析消费者需求和欲望从而实施有效的营销沟通。这就需要微商在日常的营销活动中建立完整的价值交付体系，即包括顾客在获得和使用产品或服务过程中得到的全部体验。重视与消费者接触点共识，找到需求的对应模式。

分别在售前、售后以产品为道具，服务为舞台，进行令消费者难忘的用户体验来满足其消费需求，不但要给消费者以物理价值满足还要给以心理价值的满足。

(2) 以人为本提高转化率

微商是基于移动社交平台的电商，它的核心是以人为中心，要抛弃产品理念，树立人的理念，并做好角色扮演。表面上是卖产品，但其最终实质卖的是"人"。如果只围绕产品，换百种产品还是会觉得单一，因为微商无论发什么产品，在大家眼里都是广告，但是如果销售的是你个人这个"人的品牌"，那么你卖什么产品都不重要了，卖什么产品好友都愿意尝试。

淘宝以货为中心，传统小店也是这样，可能只是多一个售后服务。但时代在转变，微商则有所不同。微商卖货，种种营销方法它的行为都是为了提供更好的服务，所有服务的目的都是成交。而微商的成交技巧，在于提高自身转化率，所谓转化率，即把好友转化成为消费客户的概率。

(3) 打造多屏全网跨平台的推广系统

品牌传播不能单纯地利用传统媒体或是新媒体，这是一个整合营销传播的时代，将新旧媒体综合运用，才能够更好地优化信息传播渠道，添补传播信息的缝隙，创造新的营销思路，从而放大品牌传播效果。因此微商要挣脱单一平台的束缚，在多个平台上做营销推广，将自媒体与传统媒体的跨网融合，微营销与传统营销方式有机整合，发挥网络倍增的威力。

依托移动互联网和新的传播媒介的发展，信息传播渠道、营销模式丰富多样化。微商也要顺应时代发展，充分开发多屏推广系统，跨平台引流，最终引流到微信维护锁粉。如QQ群微信群推广法、搜索引擎网站推广法、软文推广、论坛网站、媒体推广等。

目前，很重要的一个自媒体风口就是直播平台这个风口。据CNNIC最新数据显示，"截至2016年6月，网络直播用户规模达到3.25亿，占网民总体的45.8%。通过数据可以看出直播行业发展迅速，直播用户基数庞大，直播市场广阔，发展空间十分可期。"

网红经济加上新微商势必会产生强大的粉丝效应。直播作为开放性平台加上网红主播的庞大粉丝基数，与新微商强强合作，开展直播引流，势必会带来一场引流风暴。微商作为一种分享经济可以与映客、花椒、YY、一直播等覆盖上亿网民的直播平台合作，通过网红主播将品牌信息扩散给受众，形成信息传递的两级传播，发挥网红的意见领袖作用，创造粉丝效应。"意见领袖是指在人际传播网络中经常为他人提供信息，同时对他人施加影响的'活跃分子'，他们在大众传播效果的形成过程中起着重要的中介或过滤的作用，由他们将信息扩散给受众，形成信息传递的两级传播。"由于粉丝与主播之间有一定的好感度和信任基础，产品信息由主播扩散给粉丝时，粉丝就是资产，信任就是货币。这种引流更加高效，更容易取得良好的传播效果。

通过大量案例研究总结归纳了如何利用微博平台创造的网红经济结合微信平台，在许多产消者的参与中，完成微商品牌"去微商化"，成为一个更为正规更有影响力的电商品牌。

网红这一群体最早是以文字为载体出现的，之后微博的兴起给信息的传播带来颠覆性的变化，以图文为载体的网红经济2.0依托微博这样低门槛的社交平台为人们所熟知。而现在网红经济已经进入融媒式的网红经济3.0。

融媒主要是指融合视频、音频、图片、文字等媒介的内容表现形式。媒介内容生产依托技术的发展变得形式更加丰富，操作更加简单、便宜，而网红也迎来了自身的蓬勃发展期。微博依靠网红在吸引力下行阶段迎来发展新契机；微信公众平台提供的订阅号也给了受众更多创作空间和机会。而这就是本课题组说的供给方与平台拥有者相互创造价值。

全媒体时代网红不再只关注个人成名，而是成名之后如何把流量变现。这里的流量就是指粉丝量，粉丝的关注和潜在的购买力使其具有商业价值。现今网红们多以某一平台为主进行内容生产，同时也会多平台活动，扩大范围聚集更多的粉丝，各平台间粉丝相互引流。比如利用微博的广泛传播吸引大量订阅者后，再利用微信公众号平台增加这些订阅者的黏性，塑造出一批具有高忠诚度的消费者。这一阶段的网红似乎从诞生之日起就和商业有着紧密联系，不管是网红依靠个人能力参与商业运营还是网红孵化公司运用商业手法有意识地吸引消费，一些具备名气的网红，其内容生产总是伴随着商业运营，目的在于引导消费获取经济利益。此时，供给方、需求方和平台拥有者就开始了价值共享。

大量订阅者的加入使得网红们开始明确所要从事的微商产品的市场定位，而网红们所拥有的大量订阅者帮助他们获取海量消费者数据，根据这些数据，了解消费者偏好并且细分市场。很明显，这个时候订阅者不仅仅是现存或者是潜在的消费者，而是作为生产者参与产品的生产消费过程，即我们所说的产消者。

从单纯的只是推荐产品的网红成为微商后，可以利用微博发布官方信息、企业活动直播。基于微博低廉的成本，微商可以将新闻动态、通知通告、活动促销等信息发布于微博之上，发布信息之后，微商也可以根据用户对信息的反馈（转发、评论、点赞）了解用户关注的热点、态度等。与此同时，用户亦可以在信息过剩的网络空间，通过官方的标志找到权威的、精准的消息。

"微直播"作为企业举行重大活动发布的网络平台，通过微博平台发布实时消息，传播速度快、传播面广，用户参与性高，互动性强，相较于传统媒体的直播优势更加明显。

微商通过设置富有独创性、趣味性、热点性的话题，使消费者参与其中，促进了企业与消费者的互动，也使得消费者可以更好地参与到产品设计生产活动中。

微商通过微博平台除了收获自由的沟通和海量的粉丝之外，收获的负面消息也是一笔宝贵的"财富"，若是缺乏便于沟通的平台，消费者的负面情绪的累积可能导致矛盾的突出，这对品牌的形象是非常不利的。微商可以通过自己的微博为品牌与消费者提供了一个透明的、即时的交流平台，产消者可以将自己的意见与建议通过沟通的方式传递给微商，微商也可以通过关键词进行搜索，主动地解答产消者的疑惑。

微商在通过微博加大宣传范围的同时,也可以通过微信公众号网络环境私密、点对点传播特点来进行精准传播、增进用户互动。

微信是基于关系的社会化媒体,促进品牌方与消费者之间的交流沟通是微信的重要功能。相对于微博依靠庞大的数据进行的传播,微信更加倾向于精准传播。企业可以根据用户的诉求推送相关的信息,进行客服答疑。

此外,还有部分来自基于关键词的大数据搜索。对于客户管理,大数据搜索范围过于庞大且不能完全精确锁定关键词,微信公众号这种直线式、即时性的在线交流更加有利于用户的吸引和保留。

微商通过微信公众号平台不仅仅可以使用客服的形式增强与用户的互动,增强用户对企业的认知度,还可以通过众多的互动活动项目,例如互动游戏、有奖竞猜、线下产品售后普及等来增强用户黏性。

微商也能凭借微信平台发布企业最新消息、新品发布、产品使用,关于企业的一切都可以推送给用户。与其同时,消息的推送数量受到了严格的限制,可以说传播至用户客户端的信息都是经过筛选的具有一定品质的信息。这种相对优质的信息传播对于塑造企业的形象、传播企业文化起到了推动作用。

本篇小结

通过比较大众产消者为主导的知识性平台（豆瓣、知乎）、意见领袖型产消者为主导的知识性平台（小红书、微博）和混合型参与产消者的知识性平台（微信），研究可以得出如下认识。

（1）针对大众产消者为主导的知识性平台

知乎围绕"关注"按钮营造出属于每一个人的知识社交网络，从而提供了信息筛选、话题氛围等多重功能。从而以线上的方式完成了我们线下的知识社交网络：随着互联网的发展和人们生活节奏的加快，人们对于获取知识广度和深度的不断增加，同时希望高深的知识更浅显易懂，因此知识服务类市场的概念逐渐形成，人们也越来越愿意为知识买单。综上所述，知乎的作为知识分享类平台，它的产品结构和模式让用户既有优秀的用户体验又能获取知识更方便，快捷。它对各个行业精英的内容生产者，核心用户的重视使得知乎的内容质量有保障。这使得它在知识服务类的市场走在前头。未来，知乎应该还是会继续在将 UGC 社区的用户往品牌合作上下功夫。知乎可以借助产消模式所带来的内容价值和网络外部效应的提高来吸引更多的合作品牌，通过品牌契合平台来实现双赢甚至是多赢。

而豆瓣网作为国内一家独具特色的"非典型"SNS 网站，相比人人网、微博、微信等以熟人关系为主体的社交媒体，有许多其他网站无可比拟的优势，其海量的书、影、音信息库为广大用户查找信息提供了便利，以兴趣为核心的"小众聚合"形式增加了用户之间的交流与互动。未来,豆瓣应该还是会继续在将 UGC 社区的用户努力往商城引流上下功夫。豆瓣应继续借助产消模式所带来的内容价值以及网络外部效应的提高来吸引更多的品牌进行合作,通过品牌契合平台来实现双赢甚至是多赢。

(2) 针对意见领袖型产消者为主导的知识性平台

未来微博的内容多元化推进营销形式将不断优化,微博将会继续强化视频、直播及电商通路,不断提升微博用户的使用体验。除泛娱乐生态圈外,近年来微博在社会、财等领域也不断取得佳绩。未来,微博还将进一步向各垂直领域延伸,利用专业化进一步增强微博生态链。本地化内容是用户微博消费的重要组成部分。在本土化内容上的拓展,对地方中小企业借助微博提升影响力具有积极作用,因此微博未来的本地化内容会更好地提升营销精准度。

未来的微博发展,要更加注意发挥社交关系关联作用,形成强关系圈。①社群关系的平等,实现真正的交流沟通。实现真正的社区化,抛弃"等级观念",产生差异的只有信息传播的价值,以及基于不同用户的不同兴趣。使每个人拥有平等的传播机会,实现用户自己传播的意图。②加强弱连接的引导,增强用户之间互动沟通,形成强关系,增加转换成本。强关系之间的信息的同质化严重,相互之间的交流是水平的,而弱关系,即相距比较远,生活圈子差异性较大,信息的垂直流动,有利于加快信息的扩散。微博以"弱关联"为主。

因此,微博平台可以通过设置不同的兴趣板块,对弱关联进行引导,使相互之间更可能产生强烈沟通意愿,通过长期的交流沟通发展成为强关系的"朋友关系"。提高用户之间的粘性,增加用户转换成本,保持用户活跃度。可见,微博能更好地利用现在透明平等的网络关系网,吸引更多的产消者来加入到平台中,利用微博这个平台,达到平台品牌价值共创,需求者、供给者、平台拥有者三方互相合作,共同去创造远超乎三方单独运营的价值。

(3) 针对混合型参与产消者的知识性平台

微信作为社交平台能够为普通微信用户、微商以及其他平台所有者实现价值共创。微信为微商们、品牌方和普通微信用户提供了能够交换信息，彼此沟通的平台，以及能够进行交易的微信收付款功能。这吸引了大量的微商和需要进行品牌推广的商户的入驻，构成了品牌社区，而微商们与品牌商们或者普通用户基于微信的互动，形成了品牌契合。微信平台价值创造的基础就是微商与微信用户之间的交叉网络外部性。普通微信用户在选择使用微信时，决定因素之一是微信上的想要了解的微信公总号、自创品牌、微商的数量和质量；而微商选择进入微信很大一部分原因也是看中了微信这一平台上普通用户的数量和质量。同时，微信为普通用户消费者提供了即时的、大量的信息，比如说微商们提供的购买现场的直播视频、品牌方公总号推送的最新折扣消息等，这些都降低了买卖双方的信息不对称，降低了买方的时间成本；微信提供的支付工具为双方交易提供了便利性，转账的实时到账也使得交易更加快捷。因此，供需多方利益相关者愿意融入到微信平台中。微信简介的页面、便利的服务、法治的治理、经济利益等一系列的设计，能够吸引更多的品牌企业和用户。

当微商与普通用户、品牌方基于微信这一平台，通过直接互动会产生品牌体验，而互动正是价值共创的核心。在微信平台品牌价值共创中，通过共同生产会使得微信的普通用户消费者的角色发生转变成为产消者，为品牌方提供生产建议和为微商们提供推广购买建议。微信普通用户参与价值共创使得交换价值变成了使用价值，促进消费者内容生产，如原先较为单一的购买关系，因为用户的直接参与变得更加有针对性，公众号的推广内容会因为订阅者群体的属性而得到相应的变化。而原创品牌的设计和生产也会有针对性地为了吸引更多的消费者而听从建议进行改进。除了使用价值，在用户参与的过程中还产生了新的体验价值，体验价值包括内容再生价值、传播价值和个人提升价值。对于某些品牌方的推广内容，它的实效性可能不能持续很久，或者说它的阅读群体没有那么广阔，但是微商们的引用推广、截图等方式，会使得内容再生，从而帮助品牌来创造价值；而用户相互之间以及用户

<<< 第四篇　共享经济下平台品牌价值共创案例分析：产消合一视角

和微商之间的推荐，沟通交流就会产生相应的传播价值和个人提升价值。微信用户的个体能力、融入与体验都将决定品牌与品牌建立，从而会导致平台品牌价值共创下的品牌价值体系的重构。

当上述的品牌体验使得微信用户在认知、情感和行为得到满足时，就会发挥杠杆的作用放大交叉网络外部性，促进微商、品牌方和普通用户消费者的再创造能力。而这再创造能力可以优化品牌能力生态圈。微信可以通过与其他平台兼容，实现价值共创。比如说在微信钱包功能模块下属的"第三方服务"这一模块中，有着滴滴出行、京东优选、美团外卖等其他平台的兼容，这些平台都和微信共享着平台的组件、用户或品牌方。此时，微信普通用户在没有转换成本的情况下，同时参与多个平台，这使得入驻的品牌在无形中被推广，吸引更大量的消费者。微商们带来了信息共享和组件共享，微信普通用户会带来知识共享和内容共享，每一个在平台品牌价值共享体系下的参与方在资源和能力上形成了互补。

主要参考文献

[1] 中国互联网络信息中心. 中国互联网络发展状况统计报告 [R]. 北京：中国互联网络信息中心，2016.

[2] Kihlstrom, J. F. *Implicit methods in social psychology* [M]. Thousand Oaks, CA：Sage Publications, 2004：195 – 212.

[3] 沈蕾. 消费者行为学理论与实务 [M]. 北京：中国人民大学出版社，2013：19 – 20.

[4] Watson, J. B. *Psychology as the behaviorist views it* [J]. Psychological Review, 20, 158 – 177.

[5] Su Q, Chen L. *A method for discovering clusters of e – commerce interest patterns using click – stream data* [J]. Electronic Commerce Research and Applications, 2014.

[6] Moe W. W. *Buying, searching, or browsing: Differentiating between online shoppers using in – store navigational clickstream* [J]. Journal of consumer psychology, 2003, 13 (1)：29 – 39.

[7] Kim Y. S., Yum B. J. *Recommender system based on click stream data using association rule mining* [J]. Expert Systems with Applications, 2011, 38 (10)：13320 – 13327.

[8] Schiffman L. G. and Kanuk L L. *Consumer Behavior* [M]. Upper Saddle River, NJ：Pearson Prentice Hall, 1983.

[9] Solomon M. R. *Consumer Behavior：International Version：Buying, Hav-*

ing, and Being [M]. Upper Saddle River, NJ: Pearson Education, 2008.

[10] (美) 布莱克维尔. 消费者行为学 (第10版) [M]. (吴振阳译). 北京: 机械工业出版社, 2009.

[11] 吴满意. 试论网络消费与网络公关意识 [J]. 中国高教研究, 2001, (1): 80-81.

[12] 张毅斌. 网络消费心理及启示 [J]. 江苏商论, 2001, (4): 39-41.

[13] 何明升. 网络消费的制度化过程 [J]. 学术交流, 2004, (10): 92-95.

[14] 沈蕾, 郑智颖. 网络消费行为研究脉络梳理与网络消费决策双轨模型构建 [J]. 外国经济与管理, 2014, (8): 53-61.

[15] Hoffman D. L, Novak T. P. Marketing In Hypermedia Computer - Mediated Environments: Conceptual Foundations [J]. Journal of Marketing, 1996, 60 (3): 50-68.

[16] Klein L. R. Evaluating the Potential of Interactive Media through a New Lens: Search versus Experience Goods [J]. Journal of Business Research, 1998, 41: 195-203.

[17] Shim S., Eastlick M. A., Lotz S. L., et al. An online prepurchase intentions model: The role of intention to search [J]. Journal of Retailing, 2001, 77 (3): 397-416.

[18] Peterson R. A., Merino M. C. Consumer information search behavior and the Internet [J]. Psychology & Marketing, 2003, 20 (2): 99-121.

[19] Johnson E. J, Moe W. W, Fader P S, et al. On the depth and dynamics of online search behavior [J]. Management Science, 2004, 50 (3): 299-308.

[20] Huang P., Lurie N. H, Mitra S. Searching for experience on the web: an empirical examination of consumer behavior for search and experience goods [J]. Journal of Marketing, 2009, 73 (2): 55-69.

[21] Mcknight D. H., Choudhury V., Kacmar C. Developing and Validating Trust Measures for e-Commerce: An Integrative Typology [J]. Information

Systems Research, 2002, 13 (3): 334 - 359.

[22] McKnight D. H., Chervany N. L. What trust means in e - commerce customer relationships: an interdisciplinary conceptual typology [J]. International journal of electronic commerce, 2001, 6 (2): 35 - 59.

[23] Degeratu A. M., Rangaswamy A, Wu J. Consumer choice behavior in online and traditional supermarkets: The effects of brand name, price, and other search attributes [J]. International Journal of Research in Marketing, 2000, 17 (1): 55 - 78.

[24] Limayem M., Khalifa M., Frini A. What makes consumers buy from Internet? A longitudinal study of online shopping [J]. Systems, Man and Cybernetics, Part A: Systems and Humans, IEEE Transactions on, 2000, 30 (4): 421 - 432.

[25] Citrin A. V., Sprott D. E., Silverman S. N, et al. Adoption of Internet shopping: the role of consumer innovativeness [J]. Industrial Management & Data Systems, 2000, 100 (7): 294 - 300.

[26] Koufaris M. Applying the technology acceptance model and flow theory to online consumer behavior [J]. Information systems research, 2002, 13 (2): 205 - 223.

[27] Gefen D., Karahanna E., Straub D. W. TRUST AND TAM IN ONLINE SHOPPING: AN INTEGRATED MODEL [J]. Mis Quarterly, 2003, 27 (1): 51 - 90.

[28] Pavlou P. A. Consumer Acceptance of Electronic Commerce: Integrating Trust and Risk with the Technology Acceptance Model [J]. International Journal of Electronic Commerce, 2003, 7 (3): 101 - 134.

[29] Pavlou P. A., Fygenson M. Understanding and Prediction Electronic Commerce Adoption: An Extension of the Theory of Planned Behavior [J]. Social Science Electronic Publishing, 2006, 30 (1): 115 - 143.

[30] Kozinets R. V. The Field Behind the Screen: Using Netnography for Marketing Research in Online Communities [J]. Journal of Marketing Research,

2002, 39 (1): 61 - 72.

[31] Brown J., Broderick A. J., Lee N. Word of mouth communication within online communities: Conceptualizing the online social network [J]. Journal of Interactive Marketing, 2007, 21 (3): 2 - 20.

[32] Kozinets R., Wojnicki A. C, Wilner S. J., et al. Networked Narratives: Understanding Word - of - Mouth Marketing in Online Communities [J]. Journal of Marketing, 2009, 74 (2): 71 - 89.

[33] Senecal S., Nantel J. The influence of online product recommendations on consumers' online choices [J]. Journal of Retailing, 2004, 80 (80): 159 - 169.

[34] Wang L. C, Baker J, Wagner J A, et al. Can a retail web site be social? [J]. Journal of marketing, 2007, 71 (3): 143 - 157.

[35] Forman C., Wiesenfeld B. Examining the Relationship Between Reviews and Sales: The Role of Reviewer Identity Disclosure in Electronic Markets [J]. Social Science Electronic Publishing, 2008, 19 (3): 291 - 313.

[36] Novak T. P., Hoffman D. L, Yung Y. F. Measuring the customer experience in online environments: A structural modeling approach [J]. Marketing science, 2000, 19 (1): 22 - 42.

[37] Novak T. P, Hoffman D. L., Duhachek A. The influence of goal - directed and experiential activities on online flow experiences [J]. Journal of consumer psychology, 2003, 13 (1): 3 - 16.

[38] Fishbein M., Ajzen I., Belief A. Belief, Attitude, Intention, and Behavior: An Introduction to Theory and Research. Reading [J]. Contemporary Sociology, 1977, 6 (2).

[39] Ajzen I. The theory of planned behavior [J]. Organizational Behavior & Human Decision Processes, 1991, 50 (2): 179 - 211.

[40] Davis F. D. User acceptance of information technology: system characteristics, user perceptions and behavioral impacts [J]. International Journal of Man-Machine Studies, 1993, 38 (3): 475 - 487.

[41] Venkatesh V., Davis F D. A Theoretical Extension of the Technology

Acceptance Model: Four Longitudinal Field Studies. : Four Longitudinal Field Studies. [J]. Management Science Journal of the Institute for Operations Research & the Management Sciences, 2000, 46 (2): 186-204.

[42] Sheppard B. H. , Warshaw P. R. The Theory of Reasoned Action: A Meta-Analysis of Past Research with Recommendations for Modifications and Future Research [J]. Journal of Consumer Research, 1988, 15 (3): 325-43.

[43] Montgomery A. L. Applying Quantitative Marketing Techniques to the Internet [J]. Interfaces, 2001, 31 (2): 90-108.

[44] Bucklin R. E. , Lattin J. M, Ansari A, et al. Choice and the Internet: From Clickstream to Research Stream [J]. Marketing Letters, 2002, 13 (3): 245-258.

[45] Chatterjee P. , Hoffman D. L, Novak T P. Modeling the Clickstream: Implications for Web-Based Advertising Efforts [J]. Marketing Science, 2003, 22 (4): 520-541.

[46] Chatterjee P. Drivers of New Product Recommending and Referral Behavior at Social Network Sites [J]. Social Science Electronic Publishing, 2011, 30 (1): 77-101.

[47] Xu L. , Duan J. A, Whinston A. B. Path to Purchase: A Mutually Exciting Point Process Model for Online Advertising and Conversion [J]. Management Science Journal of the Institute for Operations Research & the Management Sciences, 2012, 60 (6): 1393-1412.

[48] Montgomery A. L, Li S. , Srinivasan K, et al. Modeling Online Browsing and Path Analysis Using Clickstream Data [J]. General Information, 2004, 23 (4): 579-595.

[49] Chung J. P. H. Consumers' travel website transferring behaviour: analysis using clickstream data-time, frequency, and spending [J]. Service Industries Journal, 2009, 29 (10): 1451-1463.

[50] Phang C. W. , Kankanhalli A, Ramakrishnan K, et al. Customers' preference of online store visit strategies: an investigation of demographic variables

[J]. European Journal of Information Systems, 2010, 19 (3): 344 -358.

[51] Olbrich R., Holsing C. Modeling Consumer Purchasing Behavior in Social Shopping Communities with Clickstream Data [J]. International Journal of Electronic Commerce, 2011, 16 (2): 15 -40.

[52] Jiang Q., Tan C. H, Phang C. W, et al. Understanding Chinese online users and their visits to websites: Application of Zipf's law [J]. International Journal of Information Management, 2013, 33 (5): 752 -763.

[53] Yadav M. S., Pavlou P. A. Marketing in Computer - Mediated Environments: Research Synthesis and New Directions [J]. Journal of Marketing, 2014, 78 (1): 20 -40.

[54] 赵宇翔, 范哲, 朱庆华. 用户生成内容（UGC）概念解析及研究进展 [J]. 中国图书馆学报, 2012, 38 (5): 68 -81.

[55] Ramírez R. Value co - production: intellectual origins and implications for practice and research [J]. Strategic Management Journal, 1999, 20 (1): 49 -65.

[56] Prahalad C. K, Ramaswamy V. Co - opting customer competence [J]. Harvard Business Review, 2000, 78 (1).

[57] Vargo S. L., Lusch R. F. Evolving to a New Dominant Logic for Marketing [J]. Journal of Marketing, 2004, 68 (1): 1 -17.

[58] Vargo S. L., Lusch R. F. Service - dominant logic: continuing the evolution [J]. Journal of the Academy of Marketing Science, 2008, 36 (1): 1 -10.

[59] Grönroos C. Adopting a service logic for marketing [J]. Marketing Theory, 2006, 6 (3): 317 -333.

[60] Maglio P. P, Spohrer J. Fundamentals of service science [J]. Journal of the Academy of Marketing Science, 2008, 36 (1): 18 -20.

[61] Vargo S. L, Lusch R. F. It's all B2B…and beyond: Toward a systems perspective of the market [J]. Industrial Marketing Management, 2011, 40 (2): 181 -187.

[62] Toffler A. The third wave [M]. New York: Bantam books, 1981.

[63] Ritzer G. The McDonaldization of Society: 20th Anniversary Edition [M]. Thousand Oaks, California: SAGEPublications, 2013.

[64] Ritzer G. Prosumption: Evolution, revolution, or eternal return of the same? [J]. Journal of Consumer Culture, 2013, 1 (1): 1 – 22.

[65] Gupta V. Social Commerce via the Shoposphere & Pick Lists [EB/OL]. http://www.ysearchblog.com/2005/11/14/social – commerce – via – the – shoposphere – pick – lists/, 2005.

[66] Kozinets R. V. E – tribalized Marketing: The Strategic Implications of Virtual Communities of Consumption [J]. European Management Journal, 1999, 17 (3): 252 – 264.

[67] 宗乾进. 国外社会化电子商务研究综述 [J]. 情报杂志, 2013, 10: 117 – 121.

[68] Nelson P. Information and Consumer Behavior [J]. Journal of Political Economy, 1970, 78 (2): 311 – 29.

[69] 中国互联网络信息中心. 2014年中国网络购物市场研究报告 [R]. 北京: 中国互联网络信息中心, 2015.

[70] 中国互联网络信息中心. 2012年中国网络购物市场研究报告 [R]. 北京: 中国互联网络信息中心, 2013.

[71] 陈晓萍, 徐淑英, 樊景立等. 组织与管理研究的实证方法 [M]. 北京: 北京大学出版社, 2012.

[72] Baumard P, Ibert J. What approach with which data? In: In: R. A. Thietart. Doing management research: a comprehensive guide [M]. London: Sage Publications Inc., 2001.

[73] Perner L. Consumer Research Methods [EB/OL]. http://www.consumerpsychologist.com/cb_Research_Methods.html, 2010.

[74] 吴明隆. 结构方程模型—AMOS的操作与应用 (第二版) [M]. 重庆: 重庆大学出版社, 2007.

[75] Chin W. W. Partial Least Squares is to LISREL as Principal Components Analysis is to Common Factor Analysis [J]. Technology Studies, 1995 (2):

315 – 319.

[76] Fornell C. Two Structural Equation Models：LISREL and PLS Applied to Consumer Exit – vioce Theory [J]. Journal of Marketing Research，1982，19：440 – 452.

[77] Vinzi V.，Chin W.，Henseler J. Handbook of Partial Least Squares：Concepts，Methods and Applications [M]. Berlin：Springer Handbooks of Computational Statistics，2010.

[78] 赵森栋，刘挺. 因果关系及其在社会媒体上的应用研究综述 [J]. 软件学报，2014，25（12）：2733 – 2752.

[79] 苗青. 管理学研究方法的新思路：基于准实验设计的现场研究 [J]. 浙江大学学报：人文社会科学版，2007，37（6）：73 – 80.

[80] 仇立平. 社会研究方法 [M]. 重庆：重庆大学出版社，2008.

[81] 郑英隆. 信息产品消费的运行系统 [J]. 经济学家，1991，(5)：101 – 107.

[82] 郑英隆. 信息消费论纲 [J]. 上海社会科学院学术季刊，1994，(2)：51 – 59.

[83] 贺修铭. 信息消费概念的确立及其理论基础——兼论信息消费学的建设 [J]. 图书情报工作，1996（04）：45 – 51.

[84] 尹世杰. 消费经济学 [M]. 北京：高等教育出版社，2003：188 – 218.

[85] 崔海燕. 习惯形成对我国农村居民信息消费的影响 [J]. 情报科学，2014（03）：76 – 80.

[86] 杨春立. 信息消费：拉动内需增长的重大领域——信息消费发展特征及政策建议 [J]. 中国科学院院刊，2014（02）：223 – 230.

[87] Suddaby R. From the editors：What grounded theory is not [J]. Academy of Management Journal，2006，49（4）：633 – 642.

[88] 王璐，高鹏. 扎根理论及其在管理学研究中的应用问题探讨 [J]. 外国经济与管理，2010（12）：10 – 18.

[89] Pandit N. R. The Creation of Theory：A Recent Application of the Grounded Theory Method [J]. Qualitative Report，1996（4）.

[90] 李平,曹仰锋. 案例研究方法:理论与范例 [M]. 北京:北京大学出版社,2012.

[91] 孙晓娥. 深度访谈研究方法的实证论析 [J]. 西安交通大学学报:社会科学版,2012,32 (3):101-106.

[92] Strauss A., Corbin J. M. Basics of qualitative research:, Grounded theory procedures and techniques [M]. Newbury Park: Sage Publications, 1990.

[93] Rey P. J. Alienation, Exploitation, and Social Media [J]. American Behavioral Scientist, 2012, 56 (4): 399-420.

[94] Ritzer G, Jurgenson N. Production, Consumption, Prosumption: The Nature of Capitalism in the Age of the Digital 'Prosumer [J]. Journal of Consumer Culture, 2010, 10 (1): 13-36.

[95] Kotler P. Marketing Management [M]. New York: Prentice Hall Inc, 2002.

[96] Petty R. E, Schumann D. Central and Peripheral Routes to Advertising Effectiveness: The Moderating Role of Involvement [J]. Journal of Consumer Research, 1983, 10 (2): 135-46.

[97] Petty R. E, Cacioppo J T. The elaboration likelihood model of persuasion [J]. Advances in Experimental Social Psychology, 1986, 19 (4): 123-205.

[98] Yi M. Y, Jackson J. D, Park J. S, et al. Understanding information technology acceptance by individual professionals: Toward an integrative view [J]. Information & Management, 2006, 43 (3): 350-363.

[99] Saadé R., Bahli B. The impact of cognitive absorption on perceived usefulness and perceived ease of use in on-line learning: an extension of the technology acceptance model [J]. Information & Management, 2005, 42 (2): 317-327.

[100] Mehrabian A., Russell J. A. An Approach to Environmental Psychology [M]. Cambridge, Mass.: MIT Press, 1974.

[101] Donovan R. J, Rossiter J R. Store atmosphere: an environmental psy-

chology approach [J]. Journal of Retailing, 1982, 58 (1): 34 -57.

[102] Vieira V. A. Stimuli-organism – response framework: A meta – analytic review in the store environment [J]. Journal of Business Research, 2013, 66 (9): 1420 – 1426.

[103] Mehrabian A. Basic dimensions for a general psychological theory [M]. Cambridge, Mass.: Oelgeschlager, 1980.

[104] Mehrabian A. Relationships among three general approaches to personality description [J]. Journal of Psychology Interdisciplinary & Applied, 1995, 129 (129): 565 –81.

[105] Russell J. A, Pratt G. A description of the Affective Quality Attributed to Environments [J]. Journal of Personality & Social Psychology, 1980, 38 (2): 311 –322.

[106] Hajli M. Social commerce adoption model [C]. Proceedings of the UK Academy of Information Systems Conference. UK: University of Oxford, 2012: 1 –26.

[107] Noort G. V, Voorveld H. A M, Reijmersdal E A V. Interactivity in Brand Web Sites: Cognitive, Affective, and Behavioral Responses Explained by Consumers' Online Flow Experience [J]. Journal of Interactive Marketing, 2012, 26 (4): 224 –234.

[108] Downes E. J, Mcmillan S J. Defining Interactivity: A Qualitative Identification of Key Dimensions [J]. New Media & Society, 2000, 2 (2): 157 –179.

[109] McMillan S. J. , Hwang J – S. Measures of perceived Interactivity: an exploration of the role of direction of communication, user control, and time in shaping perceptions of interactivity [J]. Journal of Advertising, 2002, 31 (3): 41 –54

[110] Yuping Liu, L. J. Shrum. What Is Interactivity and Is It Always Such a Good Thing? Implications of Definition, Person, and Situation for the Influence of Interactivity on Advertising Effectiveness [J]. Journal of Advertising, 2002, 31

(4): 53-64.

[111] Coyle T. R., Thorson E. The effects of progressive levels of interactivity and vividness in web marketing sites [J]. Journal of Advertising, 2001, 30 (3): 65-77.

[112] 孟威. 网络互动：意义诠释与规则探讨 [D]. 北京：中国社会科学院, 2002.

[113] 郭庆光. 传播学教程 [M]. 北京：中国人民大学出版社, 2011.

[114] 卢山冰, 黄孟芳. 传播学理论百年回眸 [J]. 西北大学学报：哲学社会科学版, 2004, 34 (3): 154-159.

[115] Mead G H（美）. 心灵·自我与社会 [M]. 上海：译文, 2008.

[116] Blumer H. Symbolic interactionism: perspective and method [J]. British Journal of Sociology, 1969.

[117] 范晓屏, 马庆国. 基于虚拟社区的网络互动对网络购买意向的影响研究 [J]. 浙江大学学报：人文社会科学版, 2009, 39 (1): 149-157.

[118] 程振宇. 社交网络下网络互动对购买意愿影响及信任保障机制研究 [D]. 北京邮电大学, 2013.

[119] 赵宏霞, 才智慧, 何珊. 基于虚拟触觉视角的在线商品展示、在线互动与冲动性购买研究 [J]. 管理学报, 2014, 11 (1): 133-141.

[120] Zhu D. H, Chang Y P. Effects of interactions and product information on initial purchase intention in product placement in social games: The moderating role of product familiarity [J]. Journal of Electronic Commerce Research, 2015, 16: 22-33.

[121] Faqih K. M S. An empirical analysis of factors predicting the behavioral intention to adopt Internet shopping technology among non-shoppers in a developing country context: Does gender matter? [J]. Journal of Retailing and Consumer Services, 2016, 30: 140-164.

[122] Wu J. H., Wu C. W, Lee C. T, et al. Green purchase intentions: An exploratory study of the Taiwanese electric motorcycle market [J]. Journal of Structural Engineering, 2015, 68 (4): 829-833.

[123] Legohérel P., Law R., Besbes A, et al. Re-examining perceived usefulness and ease of use in online booking: the case of Hong Kong online users [J]. International Journal of Contemporary Hospitality Management, 2015, 27: 185-198.

[124] Yu J., Ha I., Choi M., et al. Extending the TAM for a t-commerce [J]. Information & Management, 2005, 42 (7): 965-976.

[125] Chung J. E, Park N., Wang H, et al. Age differences in perceptions of online community participation among non-users: An extension of the Technology Acceptance Model [J]. Computers in Human Behavior, 2010, 26 (6): 1674-1684.

[126] Chang C. C, Hung S W, Cheng M J, et al. Exploring the intention to continue using social networking sites: The case of Facebook [J]. Technological Forecasting & Social Change, 2014, 95: 48-56.

[127] Chai J C. Y., Malhotra N K, Alpert F. A two-dimensional model of trust-value-loyalty in service relationships [J]. Journal of Retailing & Consumer Services, 2015, 26: 23-31.

[128] Childers T. L, Carr C L, Peck J, et al. Hedonic and utilitarian motivations for online retail shopping behavior [J]. Journal of Retailing, 2001, 77 (4): 511-535.

[129] Johnson D. S, Grayson K. Cognitive and Affective Trust in Service Relationships. Journal of Business Research [J]. Journal of Business Research, 2005, 58 (4): 500-507.

[130] Guenzi P., Georges L. Interpersonal trust in commercial relationships: Antecedents and consequences of customer trust in the salesperson [J]. European Journal of Marketing, 2010, 44 (1/2): 114-138.

[131] Lewis J. D., Weigert A J. The social dynamics of trust: theoretical and empirical research 1985-2012 [J]. Social Forces, 2012, 91 (1), 25-31.

[132] Suh B, Han I. Effect of trust on customer acceptance of Internet banking [J]. Electronic Commerce Research & Applications, 2002, 1 (3):

247-263.

[133] Nikander P., Karvonen K. Users and Trust in Cyberspace. [J]. Lecture Notes in Computer Science, 2000, 2133 (2133): 24-35.

[134] Jones J. M., Vijayasarathy L R. Print and Internet catalog shopping: assessing attitudes and intentions. [J]. Internet Research, 2000, 10 (10): 191-202.

[135] Ha Y., Lennon S. J. Consumer Responses to Online Atmosphere: The Moderating Role of Atmospheric Responsiveness [J]. Journal of Global Fashion Marketing Bridging Fashion & Marketing, 2011, 2 (2): 86-94.

[136] Williams M. In Whom We Trust: Group Membership as an Affective Context for Trust Development [J]. Academy of Management Review, 2001, 26 (3): 377-396.

[137] Gardner M. P. Mood States and Consumer Behavior: A Critical Review [J]. Journal of Consumer Research, 1985, 12 (3): 281-300.

[138] Blackwell R, Miniard P, Engel J. Consumer behaviour. 10th edition [M]. Boston, MA: South-Western College Pub, 2005.

[139] Csikszentmihalyi M. Beyond Boredom and Anxiety, second printing [M]. San Francisco: Jossey-Bass, 1977.

[140] Engeser S. Advances in flow research [M]. New York: Springer, 2012.

[141] Chen H. Flow on the net-Detecting Web users' positive affect and their flow states [J]. Computers in Human Behavior, 2006, 22: 221-233.

[142] Csikszentmihalyi M. Flow: The Psychology of Optimal Experience [M]. New York: Harper & Row, 1990.

[143] Conrad P. It's Boring: Notes on the Meanings of Boredom in Everyday Life [J]. Qualitative Sociology, 1997, 20 (4): 465-475.

[144] Sarkar A. Impact of Utilitarian and Hedonic Shopping Values on Individual's Perceived Benefits and Risks in Online Shopping [J]. International Management Review, 2011, 7.

[145] Kima H. Y, Kimb Y. K. Shopping enjoyment and store shopping modes: The moderating influence of chronic time pressure [J]. Journal of Retailing & Consumer Services, 2008, 15 (5): 410 – 419.

[146] Yim Y. C., Yoo S. C., Sauer P. L., et al. Hedonic shopping motivation and co-shopper influence on utilitarian grocery shopping in superstores [J]. Journal of the Academy of Marketing Science, 2014, 42 (5): 528 – 544.

[147] Webster J, Trevino L. K, Ryan L. The dimensionality and correlates of flow in human-computer interactions [J]. Computers in Human Behavior, 1993, 9 (4): 411 – 426.

[148] Liu H. C., Huang Q, Chen X. Y. Enhancing the flow experience of consumers in China through interpersonal interaction in social commerce [J]. Computers in Human Behavior, 2016, 58: 306 – 314.

[149] Gao L, Bai X. Online consumer behaviour and its relationship to website atmospheric induced flow: Insights into online travel agencies in China [J]. Journal of Retailing & Consumer Services, 2014, 21 (4): 653 – 665.

[150] Kim Y. J, Han J. Y. Why smartphone advertising attracts customers: A model of Web advertising, flow, and personalization [J]. Computers in Human Behavior, 2014, 33 (2): 256 – 269.

[151] Gao L., Waechter K. A, Bai X. Understanding consumers' continuance intention towards mobile purchase: A theoretical framework and empirical study-A case of China [J]. Computers in Human Behavior, 2015, 53: 249 – 262.

[152] Zhang H., Lu Y., Gupta S, et al. What motivates customers to participate in social commerce? The impact of technological environments and virtual customer experiences [J]. Information & Management, 2014, 51 (8): 1017 – 1030.

[153] Eroglu S. A, Machleit K. A, Davis L M. Empirical testing of a model of online store atmospherics and shopper responses [J]. Psychology & Marketing, 2003, 20, 139 – 150.

[154] Spies K., Hesse F., Loesch K. Store atmospheres, mood and pur-

chasing behavior [J]. International Journal of Research in Marketing, 1997, 14, 1 – 17.

[155] Babin B. J, Babin L. Seeking something different? A model of schema typicality, consumer affect, purchase intentions and perceived shopping value [J]. Journal of Business Research, 2001, 54, 89 – 96.

[156] Fiore A. M, Jin H. , Kim J. For fun and profit: Hedonic value from image interactivity and responses toward an online store [J]. Psychology & Marketing, 2005, 22, 669 – 694.

[157] Menon S. , Kahn B. Cross – category effects of induced arousal and pleasure on the Internet shopping experience [J]. Journal of Retailing, 2002, 78, 31 – 40.

[158] Ha Y. , Lennon S. J. Online visual merchandising (VMD) cues and consumer pleasure and arousal: Purchasing versus browsing situation [J]. Psychology & Marketing, 2010, 27 (2): 141 – 165.

[159] 许远理, 郭德俊. 情绪与认知关系研究发展概况 [J]. 心理科学, 2004, 27 (1): 241 – 243.

[160] Pessoa L. On the relationship between emotion and cognition. Nat [J]. Nature Reviews Neuroscience, 2008, 9 (2): 148 – 158.

[161] Djamasbi S. , Strong D M. The effect of positive mood on intention to use computerized decision aids [J]. Information & Management, 2008, 45 (1): 43 – 51.

[162] Mayer J. D. , Gaschke Y N, Braverman D L, et al. Mood-congruent judgment is a general effect. [J]. Journal of Personality & Social Psychology, 1992, 63 (1): 119 – 132.

[163] Eich E. , Forgas J. Mood, Cognition, and Memory. In: Healy A E, Proctor R W. Handbook of Psychology [M]. NewYork: Wiley, 2003.

[164] Ashby F. G. , Isen A. M. , Turken A U. A neuropsychological theory of positive affect and its influence on cognition [J]. Psychological Review, 1999, 106 (3): 529 – 550.

[165] Lee M. Y., Johnson K. K. P. Exploring differences between Internet apparel purchasers, browsers and non – purchasers [J]. Journal of Fashion Marketing & Management, 2002, 6 (2): 146 – 157.

[166] Symonds P. M. On the Loss of Reliability in Ratings Due to Coarseness of the Scale. [J]. Journal of Experimental Psychology, 1924, 7 (5): 456 – 461.

[167] Finn R. H. Effects of Some Variations in Rating Scale Characteristics on the Means and Reliabilities of Ratings [J]. Educational & Psychological Measurement, 1972, 32 (2): 255 – 265.

[168] Ridings C. M, Gefen D., Arinze B. Some antecedents and effects of trust in virtual communities [J]. The Journal of Strategic Information Systems, 2002, 11 (3): 271 – 295.

[169] 姚公安. 消费者对电子商务企业信任建立过程中信息搜索体验的影响 [J]. 管理科学, 2009, 22 (5): 49 – 60.

[170] 赵玲. 虚拟社区成员参与行为的实证研究 [D]. 华中科技大学, 2011.

[171] Jin C. H. The perspective of a revised TRAM on social capital building: The case of Facebook usage [J]. Information & Management, 2013, 50: 162 – 168.

[172] Moon J. W, Kim Y. G. Extending the TAM for a World – Wide – Web context [J]. Information & Management, 2001, 38 (4): 217 – 230.

[173] Nisbett R. E, Wilson T. D. Telling more than we can know: Verbal reports on mental processes [J]. Psychological Review, 1977, 84 (3): 231 – 259.

[174] 荣泰生. AMOS 与研究方法 [M]. 重庆: 重庆大学出版社, 2010.

[175] Guilford J. P. Psychometric methods (2nd ed.) [M]. New York: Mc Graw-Hill, 1954.

[176] Podsakoff P. M, Mackenzie S B, Lee J Y, et al. Common method biases in behavioral research: a critical review of the literature and recommended remedies. [J]. Journal of Applied Psychology, 2003, 88 (5): 879 – 903.

[177] Anderson J. C. , Gerbing D. W. Structural equation modeling in practice: A review and recommended two-step approach [J]. Psychological Bulletin, 1988, 103 (3): 411-423.

[178] Hair J. F. , Hult C. M. , et al. A primer on partial least squares structural equation modeling (PLS-SEM) [M]. Thousand Oaks: Sage, 2014.

[179] Boomsma A. The robustness of LISREL against small sample sizes in factor analysis models. In: Jöreskog K G, Wold H O A. Systems under indirect observation : causality, structure, prediction [M]. Amsterdam: Elsevier (North Holland Publishing Co.), 1982.

[180] Kock N, Lynn G. S. Lateral collinearity and misleading results in variance-based SEM: An illustration and recommendations [J]. Journal of the Association for Information Systems, 2012, 13 (7), 546-580.

[181] Hair J. F, Anderson R. E, Tatham R L. Multivariate data analysis [M]. New York, NY: Macmillan, 1987.

[182] Kock N. One-Tailed or Two-Tailed P Values in PLS-SEM? [J]. International Journal of e-Collaboration (IJeC), 2014, 11 (2): 1-7.

[183] 郑昊敏, 温忠麟, 吴艳. 心理学常用效应量的选用与分析 [J]. 心理科学进展, 2011, 19 (12): 1868-1878.

[184] 陈江. 中国民营企业的战略资产、组合创业与创业企业成长绩效研究 [D]. 浙江大学, 2013.

[185] Cohen J. Statistical power analysis for the behavioral sciences [M]. Hillsdale, NJ: Lawrence Erlbaum, 1988.

[186] Geisser S. A predictive approach to the random effects model [J]. Biometrika, 1974, 61 (1), 101-107.

[187] 方杰, 温忠麟, 张敏强, 等. 基于结构方程模型的多重中介效应分析 [J]. 心理科学, 2014 (3) .

[188] Kock N. , Gaskins L. The Mediating Role of Voice and Accountability in the Relationship Between Internet Diffusion and Government Corruption in Latin America and Sub-Saharan Africa [J]. Information Technology for Development,

2014, 20 (1): 23 –43.

[189] Stone M. Cross – validatory choice and assessment of statistical predictions [J]. Journal of the Royal Statistical Society, Series B, 1974, 36 (1), 111 –147.

[190] 晏国祥. 消费情绪研究综述 [J]. 软科学, 2008, 22 (3): 28 –32.

[191] Firat A F, Dholakia N. Consuming People: From Political Economy to Theaters of Consumption [M]. London: Sage, 1998.

[192] 周蕾, 李纾, 许燕, 等. 决策风格的理论发展及建构: 基于信息加工视角 [J]. 心理科学进展, 2014, 22 (1): 112 –121.

[193] Bultez A, Naert P. SH. A. R. P. : SHELF ALLOCATION FOR RETAILERS' PROFIT [J]. Marketing Science, 1988, 7 (3): 211 –231.

[194] Khakimdjanova L, Park J. Online visual merchandising practice of apparel e-merchants [J]. Journal of Retailing & Consumer Services, 2005, 12 (5): 307 –318.

[195] Levy M. , Weitz B. A, Grewal D. Retailing management [M]. New York: McGraw-Hill Education, 2014.

[196] 王求真, 曹仔科, 马庆国. 认知负荷视角下不同复杂度购物网站的眼动研究 [J]. 信息系统学报, 2012 (2): 54 –63.

[197] 邵丹, 杨以雄, 孙妙迪. 基于眼动实验的服装网购消费者感知线索研究 [J]. 丝绸, 2013, 50 (2): 28 –34.

[198] Evans J. S. B. T. Logic and human reasoning: an assessment of the deduction paradigm [J]. Psychological Bulletin, 2002, 128 (6): 978 –96.

[199] Evans J. S. B. T. In two minds: dual – process accounts of reasoning [J]. Trends in Cognitive Sciences, 2003, 7 (10): 454 –9.

[200] Evans J. S. Dual – processing accounts of reasoning, judgment, and social cognition [J]. Annual Review of Psychology, 2008, 59 (1): 255 –78.

[210] Brucks M. , Zeithaml V A, Naylor G. Price and brand name as indicators of quality dimensions for consumer durables [J]. Journal of the academy of marketing science, 2000, 28 (3): 359 –374.

[202] Zeithaml V. A. Consumer perceptions of price, quality, and value: a means – end model and synthesis of evidence [J]. The Journal of marketing, 1988: 2 – 22.

[203] Steenkamp J. B. E. M. Conceptual model of the quality perception process [J]. Journal of Business research, 1990, 21 (4): 309 – 333.

[204] Parasuraman A, Zeithaml V A, Berry L L. Servqual [J]. Journal of retailing, 1988, 64 (1): 12 – 40.

[205] Grönroos C. The perceived service quality concept – a mistake? [J]. Managing Service Quality: An International Journal, 2001, 11 (3): 150 – 152.

[206] Klaus P, Maklan S. The role of brands in a service – dominated world [J]. The Journal of Brand Management, 2007, 15 (2): 115 – 122.

[207] Kirmani A, Baumgartner H. Reference points used in quality and value judgements [J]. Marketing letters, 2000, 11 (4): 299 – 310.

[208] Tucker W. T. The development of brand loyalty [J]. Journal of marketing research, 1964: 32 – 35.

[209] Jacoby J, Kyner D. B. Brand loyalty vs. repeat purchasing behavior [J]. Journal of Marketing research, 1973: 1 – 9.

[210] Day G. S. A two – dimensional concept of brand loyalty [M] //Mathematical models in marketing. Springer Berlin Heidelberg, 1976: 89 – 89.

[211] Dick A. S, Basu K. Customer loyalty: toward an integrated conceptual framework [J]. Journal of the academy of marketing science, 1994, 22 (2): 99 – 113.

[212] Oliver R. L. Whence consumer loyalty? [J]. the Journal of Marketing, 1999: 33 – 44.

[213] Chaudhuri A., Holbrook M. B. The chain of effects from brand trust and brand affect to brand performance: The role of brand loyalty [J]. Journal of Marketing, 2001, 65 (2): 81 – 93.

[214] Walsh G., Evanschitzky H., Wunderlich M. Identification and analy-

sis of moderator variables: investigating the customer satisfaction-loyalty link [J]. European Journal of Marketing, 2008, 42 (9/10): 977 - 1004.

[215] Aaker D. A. Building strong brands [M]. New York: Simon & Schuster, 2012.

[216] Pappu R., Quester P. G, Cooksey R W. Consumer - based brand equity: improving the measurement - empirical evidence [J]. Journal of Product & Brand Management, 2005, 14 (3): 143 - 154.

[217] Washburn J. H, Plank R. E. Measuring brand equity: An evaluation of a consumer-based brand equity scale [J]. Journal of Marketing Theory and Practice, 2002, 10 (1): 46 - 62.

[218] Cai L. A. Cooperative branding for rural destinations [J]. Annals of tourism research, 2002, 29 (3): 720 - 742.

[219] Anderson J., Bower G. Human associative memory [M]. Washington, DC: Winston. 1973.

[220] Teichert T. A, Schöntag K. Exploring consumer knowledge structures using associative network analysis [J]. Psychology & Marketing, 2010, 27 (4): 369 - 398.

[221] Yoo B., Donthu N. Developing and validating a multidimensional consumer - based brand equity scale [J]. Journal of business research, 2001, 52 (1): 1 - 14.

[222] Herzog H. Behavioral science concepts for analyzing the consumer [J]. Marketing and the behavioral sciences, 1963: 76 - 86.

[223] Newman J. W. New insight, new progress, for marketing [J]. Harvard Business Review, 1957, 35 (6): 95 - 102..

[224] Dichter E. What's in an image [J]. Journal of consumer marketing, 1985, 2 (1): 75 - 81.

[225] Snyder M., DeBono K G. Appeals to image and claims about quality: Understanding the psychology of advertising [J]. Journal of Personality and Social Psychology, 1985, 49 (3): 586 - 597.

[226] Sirgy M. J. Using self – congruity and ideal congruity to predict purchase motivation [J]. Journal of business Research, 1985, 13 (3): 195 – 206.

[227] Delgado – Ballester E, Manuera – Alemán J L. Does brand trust matter to brand equity? [J]. Journal of Product and Brand Management, 2005, 14 (3): 187 – 196.

[228] Elliott R., Yannopoulou N. The nature of trust in brands: A psychological model [J]. European Journal of Management, 2007, 41 (9/10), 988 – 998.

[229] Rotter J. B. A new scale for the measurement of interpersonal trust [J]. Journal of personality, 1967, 35 (4): 651 – 665.

[230] Morgan, R. M, Hunt, S D. The commitment – trust theory of relationship marketing [J]. Journal of Marketing, 1994, 58 (3): 20 – 38.

[231] Pavlou P. A. Consumer acceptance of electronic commerce: Integrating trust and risk with the technology acceptance model [J]. International Journal of Electronic Commerce, 2003, 7 (7): 101 – 134.

[232] Kim J., Jin B., Swinney J. L. The role of etail quality, e-satisfaction and e-trust in online loyalty development process [J]. Journal of retailing and Consumer services, 2009, 16 (4): 239 – 247.

[233] Geyskens I., Steenkamp J. B. E. M, Kumar N. A meta-analysis of satisfaction in marketing channel relationships [J]. Journal of marketing Research, 1999: 36 (2), 223 – 238.

[234] Gefen D., Benbasat I., Pavlou P. A research agenda for trust in online environments [J]. Journal of Management Information Systems, 2008, 24 (4): 275 – 286.

[235] Kinard B. R., Capella M. L. Relationship marketing: the influence of consumer involvement on perceived service benefits [J]. Journal of Services Marketing, 2006, 20 (6): 359 – 368.

[236] Fernandez – Lores S, Gavilan D., Avello M., et al. Affective commitment to the employer brand: development and validation of a scale [J]. BRQ Business Research Quarterly, 2016, 19 (1): 40 – 54.

[237] Fournier S. Consumers and their brands: Developing relationship theory in consumer research [J]. Journal of consumer research, 1998, 24 (4): 343 – 373.

[238] Sanchez – Franco M. J, Ramos A. F. V, Velicia F. A. M. The moderating effect of gender on relationship quality and loyalty toward Internet service providers [J]. Information & Management, 2009, 46 (3): 196 – 202.

[239] Fullerton G. The impact of brand commitment on loyalty to retail service brands [J]. Canadian Journal of Administrative Sciences/Revue Canadienne des Sciences de l' Administration, 2005, 22 (2): 97 – 110.

[240] Eagly A. H. , Chaiken S. Attitude strength, attitude structure, and resistance to change [J]. Attitude strength: Antecedents and consequences, 1995, 4: 413 – 432.

[241] Ahluwalia R, Burnkrant R. E, Unnava H R. Consumer response to negative publicity: The moderating role of commitment [J]. Journal of marketing research, 2000, 37 (2): 203 – 214.

[242] Herm S. When things go wrong, don't rely on committed consumers: effects of delayed product launches on brand trust [J]. Journal of Product Innovation Management, 2013, 30 (1): 70 – 81.

[243] Hazan C. , Shaver P. R. Attachment as an organizational framework for research on close relationships [J]. Psychological inquiry, 1994, 5 (1): 1 – 22.

[244] Thomson M. , Johnson A. R. Marketplace and personal space: Investigating the differential effects of attachment style across relationship contexts [J]. Psychology & Marketing, 2006, 23 (8): 711 – 726.

[245] Carroll B. A. , Ahuvia A. C. Some antecedents and outcomes of brand love [J]. Marketing letters, 2006, 17 (2): 79 – 89.

[246] Park C. W. , MacInnis D. J, Priester J, et al. Brand attachment and brand attitude strength: Conceptual and empirical differentiation of two critical brand equity drivers [J]. Journal of marketing, 2010, 74 (6): 1 – 17.

[247] Park C. W, MacInnis D J, Priester J R. Beyond attitudes: Attachment

and consumer behavior [J]. Seoul National Journal, 2006, 12 (2): 3 - 36.

[248] Lacoeuilhe J. Attachment to the brand: proposal of a measurement scale [J]. Research and Applications in Marketing, 2000, 15 (4): 61 - 77.

[249] Jahn S., Gaus H., Kiessling T. Trust, commitment, and older women: Exploring brand attachment differences in the elderly segment [J]. Psychology & Marketing, 2012, 29 (6): 445 - 457.

[250] Proksch M., Orth U. R, Cornwell T. B. Competence enhancement and anticipated emotion as motivational drivers of brand attachment [J]. Psychology & Marketing, 2015, 32 (9): 934 - 949.

[251] Rosenberg M. J., Hovland C. I, McGuire W. J, et al. Attitude organization and change [M]. New Haven and London: Yale University Press, 1960.

[252] Mitchell A. A, Olson J. C. Are product attributes the only mediator of advertising effects on brand attitude: A second look [J]. Journal Marketing Research, 1981, 27: 109 - 219.

[253] Kotler P., Keller K. L, Manceau D, et al. Marketing management [M]. Englewood Cliffs, NJ: Prentice Hall, 2015.

[254] Orel F. D., Kara A. Supermarket self - checkout service quality, customer satisfaction, and loyalty: Empirical evidence from an emerging market [J]. Journal of Retailing and Consumer Services, 2014, 21 (2): 118 - 129.

[255] Nam J., Ekinci Y., Whyatt G. Brand equity, brand loyalty and consumer satisfaction [J]. Annals of Tourism Research, 2011, 38 (3): 1009 - 1030.

[256] Gupta S, Zeithaml V. Customer metrics and their impact on financial performance [J]. Marketing Science, 2006, 25 (6): 718 - 739.

[257] del Bosque I R, San Martín H. Tourist satisfaction a cognitive-affective model [J]. Annals of tourism research, 2008, 35 (2): 551 - 573.

[258] Kursunluoglu E. Customer service effects on customer satisfaction and customer loyalty: a field research in shopping centers in Izmir City-Turkey [J]. International Journal of business and social science, 2011, 2 (17), 52 - 59.

[259] Kim H. W., Chan H. C., Gupta S. Value - based adoption of mobile

Internet: an empirical investigation [J]. Decision Support Systems, 2007, 43 (1): 111 - 126.

[260] DeSarbo W., Jedidi S., Sinha I. An empirical investigation of the structural antecedents of perceived customer value in a heterogeneous population [J]. Strategic Management Journal, 2001, 22 (9): 455 - 468.

[261] Schechter L. A normative conception of value [J]. Progressive Grocer, executive report, 1984, 2: 12 - 14.

[262] Babin B. J., Darden W. R., Griffin M. Work and/or fun: measuring hedonic and utilitarian shopping value [J]. Journal of consumer research, 1994, 20 (4): 644 - 656.

[263] Dunn M. G., Murphy P. E., Skelly G U. Research note: The influence of perceived risk on brand preference for supermarket products [J]. Journal of retailing, 1986.

[264] Woodruff, R. B. and Gardial, S. Know your customers-New approaches to understanding customer value and satisfaction [M]. Oxford: Blackwell, 1996.

[265] Ledden L., Kalafatis S. P, Samouel P. The relationship between personal values and perceived value of education [J]. Journal of Business Research, 2007, 60 (9): 965 - 974.

[266] Tynan C., McKechnie S., Chhuon C. Co - creating value for luxury brands [J]. Journal of Business Research, 2010, 63 (11): 1156 - 1163.

[267] Yoon S., Oh S., Song S., et al. Higher quality or lower price? How value - increasing promotions affect retailer reputation via perceived value [J]. Journal of Business Research, 2014, 67 (10): 2088 - 2096.

[268] Kahneman D., Knetsch J. L., Thaler R H. Anomalies: The endowment effect, loss aversion, and status quo bias [J]. The journal of economic perspectives, 1991, 5 (1): 193 - 206.

[269] Richardson M. Place: experience and symbol [M]. Geoscience Publications, Louisiana State University, 1984.

[270] Klein L. R. Evaluating the potential of interactive media through a new lens: Search versus experience goods [J]. Journal of business research, 1998, 41 (3): 195 – 203.

[271] Schmitt B. Experiential marketing [J]. Journal of marketing management, 1999, 15 (1 – 3): 53 – 67.

[272] Kim D., Perdue R. R. The effects of cognitive, affective, and sensory attributes on hotel choice [J]. International Journal of Hospitality Management, 2013, 35: 246 – 257.

[273] Chen S. C, Lin C. P. The impact of customer experience and perceived value on sustainable social relationship in blogs: An empirical study [J]. Technological Forecasting and Social Change, 2015, 96: 40 – 50.

[274] Brakus J. J, Schmitt B H, Zarantonello L. Brand experience: what is it? How is it measured? Does it affect loyalty? [J]. Journal of marketing, 2009, 73 (3): 52 – 68.

[275] Keller K. L. Brand synthesis: The multidimensionality of brand knowledge [J]. Journal of consumer research, 2003, 29 (4): 595 – 600.

[276] Hosany S., Ekinci Y, Uysal M. Destination image and destination personality: An application of branding theories to tourism places [J]. Journal of business research, 2006, 59 (5): 638 – 642.

[277] Richardson P., Jain A. K, Dick A. The influence of store aesthetics on evaluation of private label brands [J]. Journal of Product & Brand Management, 1996, 5 (1): 19 – 28.

[278] Teichert T. A., Schöntag K. Exploring consumer knowledge structures using associative network analysis [J]. Psychology & Marketing, 2010, 27 (4): 369 – 398.

[279] Chavanat N., Martinent G, Ferrand A. Sponsor and sponsees interactions: Effects on consumers' perceptions of brand image, brand attachment, and purchasing intention [J]. Journal of Sport Management, 2009, 23 (5): 644 – 670.

[280] Heckler S. E., Keller K L, Houston M J, et al. Building brand

knowledge structures: Elaboration and interference effects on the processing of sequentially advertised brand benefit claims [J]. Journal of Marketing Communications, 2014, 20 (3): 176 – 196.

[281] Gohary A., Hamzelu B., Pourazizi L., et al. Understanding effects of co-creation on cognitive, affective and behavioral evaluations in service recovery: An ethnocultural analysis [J]. Journal of Retailing and Consumer Services, 2016, 31: 182 – 198.

[282] Žabkar V., Brenčič M. M., Dmitrović T. Modelling perceived quality, visitor satisfaction and behavioural intentions at the destination level [J]. Tourism management, 2010, 31 (4): 537 – 546.

[283] Mittal B., Ratchford B., Prabhakar P. Functional and expressive attributes as determinants of brand-attitude [J]. Research in Marketing, 1990, 10 (1990): 135 – 155.

[284] Keller K. L. Reflections on customer-based brand equity: perspectives, progress, and priorities [J]. AMS review, 2016, 6 (1): 1 – 16.

[285] Blackston M. A brand with an attitude: a suitable case for treatment [J]. Journal of the Market Research Society, 1992, 34 (3): 231 – 242.

[286] Webster Jr F E. The changing role of marketing in the corporation [J]. The Journal of Marketing, 1992: 1 – 17.

[287] Fournier S. Dimensioning brand relationships using brand relationship quality [C] //Association for Consumer Research annual conference, Salt Lake City, UT, October. 2000.

[288] Swaminathan V. Branding in the digital era: new directions for research on customer-based brand equity [J]. AMS review, 2016, 6 (1): 33 – 38.

[289] Breivik E, Thorbjørnsen H. Consumer brand relationships: an investigation of two alternative models [J]. Journal of the Academy of Marketing Science, 2008, 36 (4): 443 – 472.

[290] Hudson S., Roth M. S., Madden T J, et al. The effects of social media on emotions, brand relationship quality, and word of mouth: An empirical

study of music festival attendees [J]. Tourism Management, 2015, 47: 68 – 76.

[291] Valta K. S. Do relational norms matter in consumer-brand relationships? [J]. Journal of Business Research, 2013, 66 (1): 98 – 104.

[292] Albert N., Merunka D., Valette – Florence P. Brand passion: Antecedents and consequences [J]. Journal of Business Research, 2013, 66 (7): 904 – 909.

[293] Fetscherin M., Heinrich D. Consumer brand relationships: A research landscape [J]. Journal of Brand Management, 2014, 21 (5): 366 – 371.

[294] Ramaseshan B., Stein A. Connecting the dots between brand experience and brand loyalty: The mediating role of brand personality and brand relationships [J]. Journal of Brand Management, 2014, 21 (7 – 8): 664 – 683.

[295] Nyffenegger B., Krohmer H., Hoyer W. D., et al. Service brand relationship quality: hot or cold? [J]. Journal of Service Research, 2015, 18 (1): 90 – 106.

[296] Nyadzayo M. W., Matanda M. J, Ewing M T. Franchisee-based brand equity: The role of brand relationship quality and brand citizenship behavior [J]. Industrial Marketing Management, 2016, 52: 163 – 174.

[297] Giovanis A. N., Athanasopoulou P. Consumer-brand relationships and brand loyalty in technology-mediated services [J]. Journal of Retailing and Consumer Services, 2017, in press, available online 18 March 2017.

[298] Darke P R, Ashworth L, Main K J. Great expectations and broken promises: Misleading claims, product failure, expectancy disconfirmation and consumer distrust [J]. Journal of the Academy of Marketing Science, 2010, 38 (3): 347 – 362.

[299] Gallarza M. G., Gil-Saura I., Holbrook M B. The value of value: further excursions on the meaning and role of customer value [J]. Journal of consumer behaviour, 2011, 10 (4): 179 – 191.

[230] Kotler P., Keller K. L, Koshy A, et al. Creation customer value satisfaction and loyalty [J]. Marketing management, 2009, 13: 120 – 125.